Xiao Hong
Xiao Hong

手绘
萧红的一生

画眉

著&绘

漓江出版社
桂林

1 / 1911年6月1日
（农历五月初五端午节）

出生于黑龙江省呼兰县。祖父溺爱，祖母严厉，父亲母亲冷漠。8岁时母亲去世，父亲续娶。

2 / 9岁

入呼兰县乙种农业学校女生班。16岁入位于哈尔滨的东省特别区区立第一女子中学校。

3 / 17岁

被父亲许配给哈尔滨的小学教员汪恩甲，因了解到对方有纨绔恶习，且希望继续读书，要求退婚。

4 / 19岁

投奔在北平为她继续求学打好前站的表哥陆哲舜，入读北平大学女子师范学院附属女子中学高一。

5 / 20—21岁

经济被家中封锁，妥协回呼兰。后终于脱逃家庭，与汪恩甲同居并怀孕，遭遗弃，因无钱付房费被软禁在东兴顺旅馆。

6 / 21—23岁

被《国际协报》编辑三郎（萧军）搭救，生下女儿后送人。与萧军结合，开始写作生涯，不到一年即与萧军自费出版合集《跋涉》。出走青岛。

7 / 24岁

在鲁迅支持下成名作《生死场》出版，创作《商市街》等，广受好评。

8 / 25岁

因萧军出轨，陷入抑郁。只身旅居日本半年，笔耕不辍。

9 / 26—27岁

与萧军正式分手。怀着萧军的孩子与青年作家端木蕻良结婚。孩子出生三天后“因抽风而死”。

10 / 28岁

与执教复旦大学的端木蕻良一同蛰居重庆，潜心创作。

11 / 29—30岁

旅居香港，长篇小说《呼兰河传》《马伯乐》等巅峰作品出版。肺病发作。

12 / 31岁

因医生误诊，逝于沦陷中的香港。

女性的天空是低的，

羽翼是稀薄的，

而身边的累赘又是笨重的！

……

不错，我要飞，

但同时觉得……

我会掉下来。

——萧红

萧军 （爱人，作家）	她单纯、淳厚、倔强、有才能，我爱她。但她不是妻子，尤其不是我的！
端木蕻良 （丈夫，作家）	创作，是萧红的“宗教”……从萧红的创作年表上，不难看出，她在香港也确实写出了不少作品，留下了她生命最后的瑰丽多彩的篇章，而这些篇章，正是她永久的生命！
张秀珂 （弟弟）	原来要做一个真正的人，是必须作这样斗争的呵！
许广平 （友人，鲁迅夫人）	中等身材，白皙，相当健康的体格，具有满洲姑娘特殊的稍稍扁平的后脑，爱笑，无邪的天真，是她的特色……每逢和朋友谈起，总听到鲁迅先生的推荐，认为在写作前途上看起来，萧红先生是更有希望的。
李洁吾 （友人，同乡）	她没有一点娇柔作态的女人气，总是以一个“大”的姿态和别人站在平等的地位上； 她的感情丰富而深沉，思想锐敏并有独立的见解； 她富于理想，耽于幻想，总好像时时沉迷在自己的向往之中，还有些任性。这，大概就是她的弱点吧！
丁玲 （曾同事，作家）	我很奇怪作为一个作家的她，为什么会那样少于世故，大概女人都容易保有纯真和幻想，或者也就同时显得有些稚嫩和软弱的缘故吧。

亲友们眼中的萧红

梅志 （友人，胡风夫人）	她的一生是反封建的勇士，但在个人生活上她是一个弱者、失败者！
茅盾 （友人，作家）	《呼兰河传》……是一篇叙事诗，一幅多彩的风土画，一串凄婉的歌谣。
白朗 （女友，作家）	红是一个神经质的聪明人，她有着超人的才气，我尤其敬爱她那种又温柔又爽朗的性格，和那颗忠于事业忠于爱情的心；但我却不大喜欢她那太能忍让的“美德”，这也许正是她的弱点。
柳亚子 （友人，诗人）	掀天之意气，盖世之才华。
葛浩文 （萧红研究专家， 文学博士， 美国旧金山州立大学 中文系主任， 哥伦比亚大学中文系教授， 《萧红评传》作者）	萧红的天才，体现在她有重述她过去生活中的景象，以充满感情、理解的清澈笔触，去叙述东北农人生活及介绍她家乡秀丽山川的本领。她的这种本领，使她像个以语言作媒介来表达她的意向的艺术家；她的成功的作品，就是她极端感人和引人入胜的艺术品。

公历1911年，农历辛亥年。

初夏的中国北京，5岁的宣统皇帝尚在紫禁城内领受满朝文武的跪拜。

初夏的中国上海，作为当时中国最大的国际性都市，充满“光复”前的各种暗潮。

初夏的中国广州，黄花岗七十二烈士的尸骨未寒。

初夏的中国哈尔滨，方从一场令人窒息的浩大鼠疫中脱逃，中俄合资的华俄道胜银行在此已开业13年，俄国红十字医院新奠基开工，虽未及被称作“东方小巴黎”，但这座年轻的城市正日益聚焦世界的目光。

距哈尔滨约30公里的呼兰河畔的小城呼兰，却仿佛与上述激荡毫无干连。人们像当地大户张维祯家后园的倭瓜，依然循年蹈季地爬着屋架，或因着什么貌似偶然的无常，悄无声息地坠到泥淖里。

这个辛亥年的五月五端午节（公历6月1日），年业花甲的张维祯终于迎来了他梦寐以求的第三代孙——虽然有点美中不足，是个孙女，但会说话的邻家婶子说的话总是有道理的："头胎生女好，将来可以帮忙带弟弟。"

据当地老人们说，女孩生在"二五八"日很不吉利。所以她的生日被往后推了一天，"定"在了五月初六。母亲为她裹襁褓时，这个乳名"荣华"的小姑娘，总是手舞足蹬勉力挣脱。邻家婶子见了笑说："这小丫头真厉害，大了准是个'茬子[1]'。"

1 茬子：东北方言，意为"比较厉害的人"。

张维祯膝下无子，小荣华的父亲张廷举是他从堂弟处过继来的。张廷举娶的是呼兰城另一户乡绅的大女儿姜玉兰，婚后三年才生下荣华，小姑娘又是如此地元气满满，张维祯焉得不视为掌珠。

祖父的温和、包容，与家中偌大后花园的天然、丰盈，为小荣华创造了一个恣意成长的桃花源。“倭瓜愿意爬上架就爬上架，愿意爬上房就爬上房。黄瓜愿意开一个谎花，就开一个谎花，愿意结一个黄瓜，就结一个黄瓜。若都不愿意，就是一个黄瓜也不结，一朵花也不开，也没有人问它。”——园中的花叶瓜果纵情生长，活泼的小荣华亦如是。

天气一天暖似一天，日子一寸一寸都有意思。五六月里，后园的红玫瑰开得极盛，花朵和酱油碟那么大，小荣华摘来一大堆，给蹲在地上拔草的祖父草帽上插上二三十朵，而祖父安然无知，只说："今年春天雨水大，咱们这棵玫瑰开得这么香，二里路怕也闻得到的。"

年迈的祖父带着满头红通通的花朵进了屋，祖母、父亲、母亲见了都忍不住大笑起来。祖父把帽子摘下来一看，笑了很久、很久都停不住。刚有点忘记了，小荣华就在旁边提着说："爷爷……今年春天雨水大呀……"

一提起，祖父的笑就又来了。小荣华也笑得在炕上打起滚来。

一天，一只小猪不当心掉进后园的井里淹死了，祖父把那小猪抱到家里，处理干净后用黄泥裹起来，放到灶坑里烧了。小荣华觉得从没吃过那么香的东西。

后来，又有一只鸭子掉井里淹死了，祖父也把鸭子用黄泥包起来烧给她吃。小荣华吃得满嘴满手都是油，觉得蘸盐的鸭子肉比小猪的肉还香。于是在等了好久，鸭子再不掉到井里后，她拿了秫秆往井里赶鸭子，一边拼命赶，一边招呼旁边看热闹的小孩儿："帮我赶哪！"

祖父看了，赶忙跑来抱住她："跟爷爷回家，抓个鸭子烧上。"

小荣华却想：不掉井里的鸭子，抓都抓不住，可怎么能规规矩矩贴起黄泥来让烧呢？于是她拼命挣扎着叫："我要掉井的！我要掉井的！"

年近古稀的祖父几乎抱不住她了。

后园的世界是如此清远而亲近，如天地初始。咫尺之遥的园外，却宛如另一个世界。

父亲一向是疏离的。母亲亦不似祖父这般“隔辈亲”，虽然给女儿买小洋刀、识字卡片，但对她自要严厉些。调皮的小荣华喜欢用小手指捅破祖母屋里糊得白净的昂贵窗纸，祖母屡禁不止，有次看她又来了，就拿一根大针到窗外等她，小荣华刚一伸出手去，祖母就拿针刺她——也许并没真正刺到，但小荣华就此不甚喜欢这位爱穿斗篷出街的祖母。

连出了后园的祖父，小荣华有时也看不懂。一次，她独自偷偷溜出家门买皮球，半途迷了路，一位好心的洋车夫把她拉回来，因为调皮，小荣华故意学祖母玩笑中的“乡巴佬”，蹲在洋车前面放脚的地方。好容易回到家，祖父却硬说车夫欺负小孩，不让孩子好好坐车，不但不给车钱，还打了那位车夫。小荣华问爷爷为什么打人，爷爷的理由是：“有钱的孩子是不受什么气的。”

小荣华没有说什么，心底却有着莫名的失落。

羊
大
大
小
羊
小
小
羊
大
羊
山
跑
跑
去
來
青
草

离后园越远，世界似乎就越诡谲。

呼兰城东二道街上有个五六尺深的大泥坑，常有车马、孩子掉进去，虽说好歹都救上来了，但实在太影响正常生活。而且鸡啊狗啊之类的小禽畜就没那么幸运了，常被淹死。奇怪的是，这个明明挑些土来填上就能解决的简单问题，却从没有得到过解决。

也许是因为这泥坑里偶尔会淹死头猪，猪的主人不得不将猪肉便宜抛售？又或是，街上有人来卖“又紫又青的便宜猪肉”时，可以借口“一定是那泥坑子淹死的”，从而面上堪以理直气壮地煎炒蒸煮起来？

张家大院里最体面的租客是老胡家，他家的小团圆媳妇之死也很可疑。为什么只因她长得比同龄人高，天性爱笑，这家的婆婆就拿烙铁把她烙得彻夜惨叫？为什么小团圆媳妇被折磨病了，还要把她按在滚烫的热水里“洗澡”？

小荣华只想回到后园去。下雨了，园里盖酱缸的帽子那么大，遮起雨来一定比草帽还好。她吃力地顶着缸帽子，一路摸索着好容易迈过高高的门坎，正喊着祖父，忽然被一脚踢翻，差点被踢到灶口的火堆上去。

父亲的脸铁青着。缸帽子在地上翻滚着。祖母睡在一张长板上。一屋子的人都穿了白衣服。

祖母去世后，母亲要打点家里的一切，还张罗盖了东院正房左手的三间厢房。此外更须忙着生弟弟。大弟富贵不幸夭折后，母亲生了二弟连富（大名张秀珂）。小荣华7岁半时，母亲又生了小弟连贵。

也许太累了，1919年7月末，小弟连贵出生才几个月，母亲就病倒了。许多医生来看，用银针刺母亲的腿，说："血流则生，不流则亡。"

小荣华确确实实看到那针孔没有流血。

"……你哭了吗？不怕，妈死不了！"

这是母亲留给她的最后一句话。

也许觉得不能没有女人主持家务，姜玉兰去世后的第103天，1919年12月5日（农历十月二十四），张廷举即续娶了。被人带到继母梁亚兰面前磕头认母时，小荣华鞋面上为母亲戴孝的白布尚在。不知谁觉得不吉利，替她把白布撕掉了。

亦粗通文墨的继母自然没有虐待小荣华姐弟的念头，只是大家庭事务繁杂，难免照料不周。襁褓中的小弟连贵被送到父亲的老家福昌号屯，不久因病夭折。继母从未直接打骂他们，只是生了自己的孩子后，就更谈不上悉心照顾了。

幸好还有祖父。

祖母去世后，颇通文墨的祖父就开始教她读诗了，从“春眠不觉晓，处处闻啼鸟”一直诵到“少小离家老大回，乡音无改鬓毛衰”。小荣华很喜欢这个可以借机高声大嗓的游戏，祖父越嗔她“房盖被你抬走了”，她越是喊得欢实。

只是，读到“儿童相见不相识，笑问客从何处来”时，她的声音忽然低下来，问，为什么要少小离家呢？离家又去哪里呢？

“我也要离家的吗？等我胡子白了回来，爷爷你也不认识我了吗？”

祖父笑：“等你老了还有爷爷吗？”

小荣华还是不高兴，没有祖父的世界还有什么意思呢？

祖父赶快安慰她：“你不离家的，你哪里能够离家……”

1920年，9岁的荣华入读呼兰县乙种农业学校女生班。她在学校的大名是“张廼莹”。原本她从张氏族谱的“秀”字、玉旁，名张秀环，谁知6岁时母亲带她回娘家，二姨姜玉环说她大名里的“环”字与自己的一样，差了辈，同样颇有才学的外祖父遂给她改名“张廼莹”。

1924年初小毕业，张廼莹考入呼兰北关初高两级小学校女生部。不久父亲升任该校校长，觉得这所小学教学条件有限，将她转入呼兰县第一女子初高两级小学校。随着年龄的增长，她的求知欲愈加强烈，逢书必读，成绩优良。1926年5月3日，呼兰突遭暴雨袭击，百姓受难，她由此写了作文《大雨记》，行文生动，情怀深重，老师大加赞赏。

夏日悠长，她常在后园的凉棚里不知疲倦地读书，常常要人喊她吃饭。凉棚搭在花丛旁，她喜欢顺手拿花叶夹在书中作备忘。

父亲常不在家，在家跟她沟通亦少，个性爽烈的大伯父张廷蓂很多时候充当了“父亲”的角色。一次，大伯父给她讲一篇吊古战场的祭文，讲到深处，他不禁哽咽了。张廼莹更是感同身受，恸哭起来，深深感受到战争的残忍与痛苦。大伯父不禁一再夸赞她，说她比家族里的男孩子们都强，聪明，心机灵快。

浩浩乎平沙無垠夐不見人河水縈帶
群山糾紛黯兮慘悴風悲日曛蓬斷草
霜晨鳥飛不下獸挺亡群亭長
誰愬秦漢而還多事四
無世無之古稱戎夏不抗

即使比男孩强，可1926年夏，张廼莹高小毕业，想如家族里的男孩们一样去哈尔滨读中学时，大伯父依然赞同父亲的意见：“不用上学，家里请个老先生念念书就够了！哈尔滨的文学生们太荒唐。”就连祖父出面说情也没用。

在家闷了三个季节，又被父亲责打后，张廼莹没有哭，只是病倒了。听说同学田慎如因为长得漂亮，被时任县教育局局长看中，想要她做妾，田慎如当众大骂局长，去呼兰的基督教堂做了修女——张廼莹灵机一动，宣布如果不让升学，她势必也要出家当洋姑子。

1927 年, 16 岁的张廼莹终于进入位于哈尔滨的东省特别区区立第一女子中学校。

这所名校的前身是“从德女子中学”, 校长孔焕书治校严格, 老师们多为知名高校毕业。美术老师高仰山是刘海粟的学生, 她的绘画才能很快被高老师发掘。她加入了学校的美术小组，常和同学们一起去野外写生，打下了良好的美术基础。爱好文学的她读遍校图书馆中莎士比亚、歌德、鲁迅、茅盾等名家的书，还常在校刊和板报上发表散文和诗歌，署名“悄吟”。

多彩的学校生活显然令她心情不错，放假回家，她还给弟弟秀珂带回一个五颜六色的万花筒作礼物，让缺少温暖的弟弟高兴了好多天。

1928年底，初二寒假时，家里为17岁的张廼莹定亲了。男方是哈尔滨顾乡屯一户小官吏家的儿子汪恩甲，又名汪东海。为这档

亲事保媒的是她的六叔张廷献。

此时她的父亲已出任呼兰县教育局局长，男方的哥哥汪大澄则是六叔当年在师范学校的同学，现任哈尔滨道外区三育小学校长。同在师范学校毕业后，汪恩甲投奔哥哥，做了三育小学的教员。那时东特女一中很多女学生的未婚夫都是哈尔滨工业大学或法政大学毕业生，工作之余，汪恩甲也在法政大学夜校读书。这门亲事可谓门当户对。据说汪恩甲长相也不错。

张廼莹起初对这桩婚事持接受态度。像那时受过新式教育的青年男女一样，他们常通信，汪恩甲还来东特女一中找过她。亦像那时的城市姑娘一样，她还给未婚夫织过“温暖牌”毛衣。订婚后不久，汪父去世，她被继母带着以汪恩甲未婚妻的身份去顾乡屯参加了葬礼。

一切都是那么顺理成章，除了不久，张廼莹发现汪恩甲有吸大烟等纨绔恶习。

1929 年，她参加了反对日本在东北修筑铁路的示威游行等学运活动，见到了外面更广阔的世界，加之走读同学徐淑娟的介绍，她结识了陆哲舜、李洁吾、高原等思想进步的校外男生——也许直到此时，这位年轻的姑娘才开始真正思索“两性”这繁复的话题，考量“未婚夫”这听来不知怎么有点使人不安的字眼。

这年的6 月7 日，距风光度过八十大寿不到三个月，祖父永远离开了这个世界。虽然晚年因心境郁结染上鸦片，祖父神志早有模糊，但当这一天真正到来时，匆匆回家奔丧的她还是如瀑寒冰。

缺少祖父的照料，后园也老了，正是玫瑰盛开时节，昔日酱油碟大的花朵如今瓣瘦蕊瘠，从前团团匝匝的蜂蝶似乎也稀落了——正如张家大院日渐窘迫的景况。父亲素向不擅经营，继母又生了三子二女，父亲的薪水哪里兜转得过来呢？幸好逢年过节，阿城福昌号屯老家常来送粮送肉。

这个家已没有人先她苦为苦，以她乐为乐了。那么，日后她还会有幸遇见这样的人吗？

1930 年夏，张乃莹初中毕业，家里催她与汪恩甲完婚。三年前即强力反对她去哈尔滨读书的父亲或许早已料到今天的结局——眼界与心胸业已打开的女儿坚决不从。

了解父亲性情的她这次没有选择直面对抗，而是假装同意结婚，从家里拿到一笔钱，在中央大街一家服装店定做了一件绿皮料大衣后，悄然登上了去北平的列车——车票是陆哲舜早为她买好的。

陆哲舜，法政大学学生，论起来算张乃莹出五服的远房表哥。对于她继续深造的诉求，他一直全力赞同。也许朋友们都是赞同的，唯有他付以行动——日前他已由法政大学退学，往北平中国大学读书，为她打好了前站。

他们在二龙坑西巷的一所四合院的后院租了两间房，为避嫌对外以舅甥身份相称。她剪了最时髦的短发，入读知名的女师大附中[1]，还请了一位耿妈

1 即北平大学女子师范学院附属女子中学。

帮忙照料生活。每逢周末，有李洁吾等同乡故友来他们的小院儿谈天说地，一直聊到巷里值夜人敲响了梆子，朋友们才踏着月色的清辉归校。

她是欢喜的，闲时逛东安市场，还为弟弟秀珂买了一个幻镜[1]。

1 幻境：一种光学玩具。

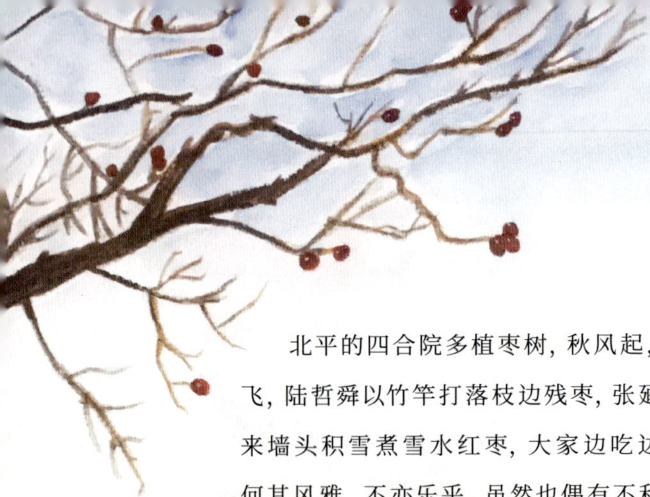

北平的四合院多植枣树，秋风起，薄雪飞，陆哲舜以竹竿打落枝边残枣，张廼莹扫来墙头积雪煮雪水红枣，大家边吃边谈，何其风雅，不亦乐乎。虽然也偶有不和谐的音符——

一天，李洁吾照例来小院啸聚。一进门，张廼莹就交给他一封信，内容居然是投诉陆哲舜对她“无礼”。她对这位表哥未尝没有好感，否则即为读书计，她亦不会千里投奔。但陆哲舜早在家人包办下成婚，虽然暑假前他就向妻子提出了离婚，但距“爱人”这甜蜜又

庄严的称谓尚远，她不能接受陆哲舜以为的“亲密”。陆哲舜尚算君子，经过沟通他们尽释前嫌，与批评陆哲舜的李洁吾也恢复了友谊。

如果说在新文化运动的摇篮——北平，他们的这种相处模式尚算年轻人间的正常交往，但在哈尔滨乃至呼兰小城，张廼莹的这场求学之旅早被冠以“逃婚”“私奔”名号，引发轩然大波。时任黑龙江教育厅秘书的父亲因“教子无方”被解除职务，调任巴彦县督学兼清乡局助理员。在呼兰上学的张家子弟因承受不了舆论压力，纷纷转学离乡。

寒风愈烈，只收到催促回家成婚信件的张廼莹仍穿着单衣。陆家亦来信警告，如果寒假不归，以后将什么都不会寄来了。1931年1月，两人只好先后返回哈尔滨。

1931年2月末，听说张廼莹一回去就被家里软禁的李洁吾收到陆哲舜拍来的电报，说她已回到北平。

在二龙坑的老住处，李洁吾见到的张廼莹穿一件漂亮的皮大衣，貉绒领，蓝绿色华达呢面，狸子皮里——应当就是上次来京前在中央大街服装店定做的那件，还送他一小瓶白兰地酒和一盆马蹄莲花。

正当李洁吾有点吃惊于张廼莹的“排面”时，她第二天就发高烧病倒了，可见她承受着莫大的身心压力。陆哲舜来信希望李洁吾能够帮助她继续读书，可李洁吾经济能力有限，商量的结果是等陆哲舜回来再说。

但等来的是汪恩甲。

一天，李洁吾来找张廼莹时，看到一个男人坐在她屋里的椅子上不说话，只好似漫不经心地将一摞银元玩儿得叮当响。老友高原来看她，在房间的墙上看到一幅戴着鸭舌帽的男人的素描，她介绍说那是她的未婚夫“密司特汪”，他们就要结婚了。

这位千里迢迢由哈尔滨追来的未婚夫虽然心系于她，但显然不甚支持她的学业。学校规定，旷课一周即退学，直到3月底依然凑不够学费的她只得与汪恩甲回到哈尔滨。

学业告一段落，似是结婚的好时机。只是汪兄汪大澄早就对张廼莹的出走不满，严禁弟弟与她来往，此次汪恩甲的北平寻妻之旅是瞒着家里的。

汪恩甲将她暂时安置在道外区十六道街的东兴顺旅馆，一座很气派的俄式建筑。不久手边银元耗尽，他遂如往常一样回家取钱。张廼莹久等不见，遂上门寻夫。原来他被家人扣住了，她的到来正为汪家人提供了辱骂泄愤的机会。汪恩甲挣扎着要与她一同离开，被家人硬拉回去。

也许曾经，张廼莹对这个“未婚夫”充满陌生与疑惑，但经过此轮交往，她感到汪恩甲虽算不得理想中的“同路伙伴”，起码二人年貌、学历、门第还算相当——也许最关键的是，他对她貌似足够一往情深。如果还想在哈尔滨生存，或许这亦算不坏的选择。现在汪家居然宣布撕毁婚约——张廼

莹从来不是逆来顺受的弱女子，她当即找律师写了状子，要去法院告汪大澄代弟休妻。

开庭那天，父亲、继母和一些好友、同学都去旁听。谁知汪恩甲为保全已是道外区教育局局长的哥哥的名声，当庭承认是自己要离婚，于是法院判了离婚。[1]

出来之后，汪恩甲痛哭流涕，再三向她解释，这个“离婚”不算数，他的心始终在她这一边……悲愤难当的她跟在家人后面掉头而去。

1 当时婚约几乎等同“结婚证书”。

封闭的小城呼兰自是无法立足，张廼莹只好随继母投奔父亲的老家，张氏家族的发祥地，阿城县福昌号屯。

这是一个地处偏僻的古老村落，有土地千余垧[1]。整座屯子长三百多米，宽二百多米，为防土匪和狼，四周都是宽厚高墙，掘有两丈深的壕沟，日夜有护院持枪把守。老祖母（张廷举的继母徐氏）视她为异类，严禁女儿、儿媳与她接触，骂她败坏家族名声。继母亦忍不住喋喋她“逃婚”的种种“劣迹”，脾气暴烈的大伯父扬言要打死她……

年轻的堂兄妹都在外读书，这里的空气仿佛聚淀了上千年的陈垢，一日重似一日地淤入心底，待下去的结局昭然若揭。1931 年10 月4 日，在同情她的七婶和姑姑的帮助下，张廼莹藏在往阿城送大白菜的车里出逃，在阿城乘火车赶往哈尔滨。

1 垧：东北地区的 1 垧地约合 1 公顷，15 亩。

几近赤手出走的张廼莹有时借宿在母校低年级同学的宿舍里，有时寄住在亲友家中，时间一长，敏感的她深深感到寄人篱下的苦楚。终于，凛冽的冬夜，寒风刮得眼睛直流泪，敲门的手套几乎冻结在门板上，无论姨母还是友人的家门都敲不开了，纵使里面还亮着电灯，纵使她喊哑了喉咙。

零下数十度的彻寒像重锤击着她，一下，一下，又一下……永无停歇。清醒过来时，她几乎不记得自己为何躺在一名年老的低等暗娼家里。在这鼠窝般的狭败暗室里，还有一个已被倾轧得身心走形的雏妓。以套鞋和单衫为代价，她被允许离开——脚上穿一双通孔的夏鞋踩在雪地上。

其实，张氏家族在哈尔滨家大业大，在道里区开有粮铺和皮铺，六叔张廷献是道里区税捐局局长，许多张家子弟都在哈尔滨各名校就读。在此读书的堂妹张秀琴曾来看望张廼莹，还给她带了些钱，她拒绝了。

初冬的早上，脚冻得针扎一样疼的她在中央大街上漫走，遇见在东省特别区第一中学读书的堂弟张秀璿。见姐姐身上穿着同学给的领口脱了毛的旧衣，长发纷乱，张秀璿非常难过，请她喝咖啡。他说天气太冷了，姐姐不能再飘流下去了，还问她要不要钱用——弟弟的眼睛是专注而诚意的深黑色的，她很感动，但只是摇头。

没人知道她究竟是怎样回到汪恩甲身边的，好友徐淑娟的推断是：“为密司特汪的眼泪所软化而做着‘良妻’了。”

1932年春，一个大风的天气，张廼莹令人意外地回了趟继母的娘家梁家大院。是借钱，还是请梁家人出面说和张汪两家关系？具体缘由无人知晓。毋庸置疑的是，当天下午汪恩甲亦出现在那里，两人还一起在梁家吃了顿饭——当时二人的关系还是不错的，至少汪恩甲一直在追随她。

亦是此季，在堂妹张秀珉的帮助下，她获得入东特第二女中插班高一的资格。就在一切似乎都在“步入正轨”的时候，意外发生了——她发现自己怀孕了。

1932年7月10日，哈尔滨《国际协报》的副刊主编裴馨园收到一封署名“悄吟”的读者来信，信中内容令他大吃一惊：“……难道现今世界还有卖人的吗？有！我就将要被卖掉……”

富有正义感的裴馨园立刻带着编辑孟希、方未艾等直奔信上留下的地址：东兴顺旅馆。在二楼南头的一间阴暗小屋，他们找到了写信人，张乃莹。

即使对读书充满渴求，对生育充满疑惧，张乃莹只得与汪恩甲耽在这家旅馆待产——“九·一八”事变后，东三省客商锐减，张汪两家又是当地有名的殷实人家，这家旅馆允许他们赊账。在此居住大半年，他们已欠了旅馆600多元钱，旅馆一再催债，汪恩甲只得回家取钱。之前同样情形下他曾被家人扣住，但这次不同，他们将有自己的孩子了。看在即将出世的新生命分上，张汪两家的种种不快就算不烟消云散，也将有所转圜吧？

然而汪恩甲依然石沉大海一去不回。讨债无望，旅馆老板把她赶到储藏室，扬言再不还钱，就要把她卖到圈儿楼[1]。

1 圈儿楼：妓院。

600 元对清贫的报人来说实在是一笔巨款。第二天，裴馨园召集大家商议如何解救“悄吟”，一位笔名“三郎”的作者与兼职编辑却默不作声。三郎原名刘鸿霖，1907 年出生于辽宁省义县，曾在东北讲武学堂学过军事，后在东北军任下级军官。由于萌生参加游击队抗日的想法，不久前将结婚10年的妻子许氏及两个女儿遣回了老家。与当时大多数年轻文人一样，他过着流浪汉般的日子，自觉没有半点力量能帮助廼莹，何必“那样沽名的假慈悲”。

处在孕期而备受刺激的张廼莹情绪很不稳定，屡打电话到报社寻求慰藉。7 月12 日，凑不出钱的裴馨园只好先找了几本书，写了封介绍信，请三郎代去安慰一下这位处在水深火热中的姑娘。

黄昏，在充满霉味的昏暗房间，三郎见到一张近于圆形的苍白的脸，一双特大的闪亮的眼睛，已有明显白发的纷披长发，孕相明显的体形，褪色的布衫与变形的女鞋……这一切值得同情，却与他无关——直到他看见桌上散落的隽永小诗、灵气涂鸦与工整书法。

当得知这寒微小屋中居然得以存在的晶光全部出自张

su莹的手笔，三郎感到似乎整个世界都变了，而眼前这个落拓的姑娘，有着世界上最美丽可爱的灵魂！

“留着买点什么吃吧！”留下仅有的5角钱，他向她匆匆道别，步行十里夜路回家。[1]

1 从他们相与的这一刻起，本书将以“萧军”“萧红”的名字展开。

也许并没有相约，但第二天，她知道他必来，他知道他必去。

他惊叹："我们不过是两夜十二个钟点，什么全有了。在他们那认为是爱之历程上不可或缺的隆典——我们全有了，轻快而又敏捷，加倍地做过了，并且他们所不能做、不敢做，所不敢想的，也全被我们做了……做了……"

突如其来的激情令人神迷，萧红继续抒写她的春曲：

"当他爱我的时候，
我没有一点力量，
连眼睛都张不开，
我问他这是为了什么？
他说：爱惯就好了，
啊！可珍贵的初恋之心。"

像一切堕入热恋的姑娘，激情稍却，萧红方记起问爱人“爱的哲学”。萧军大剌剌道：“爱便爱，不爱便丢开。”

这样的“坦诚”令沉浸在幸福里的她顿时有种在暮冬冰面上纵马的危机——春天总要来的。春天就要来了。冰面总会裂开。冰面就要裂开！

区区数天后，她觉得萧军来看望她的次数便开始减少。幸好方未艾和同样供职于《国际协报》的舒群常来探慰。萧军因此疑心她与方未艾有暧昧，后者只得尽力避嫌。

7月30日，相与不过半月，萧红的心境已由热恋的亢奋进入绝望的翻转，她写下长诗《幻觉》，文中全是对一位叫Marlie的女子的忌惮。李玛丽是当时哈尔滨一位知名的文艺沙龙女主人，公认气质优雅的大家闺秀，哈尔滨全体文艺男的偶像。多情如萧军自是沦陷其中，但李玛丽对他仅以礼相待。萧红之所以如此孜孜相较，全因萧军于之遮掩不住——更无打算遮掩的热情。

萧红的泪与窗外的大雨一同滂泗着。她已全无退路。

1932年8月7日，连日大雨终致松花江决堤，滔滔洪流涌入城区，两万多人在洪水中丧生。东兴顺旅馆亦陷入汪洋，老板和客人纷纷逃离。

水位节节上升，萧红只得权且搬到三楼。方未艾和舒群先后去看过命悬洪流的萧红，给她带些果腹食物。8月9日，苦等萧军不得的萧红终于从窗口跳上一条救生船，按照他留下的地址找到了裴馨园家。据说同时，因无钱雇船接她出来而痛苦得一夜未睡的萧军，正带着香肠和面包游水去找她。

裴馨园热情地将萧红留宿在客厅。七八天后，萧军也住了进来。为了不给主家添更多麻烦，两人白天尽量在外游走。裴太太年纪很轻，时间一长难免应对不周。为防矛盾升级，裴馨园携家小搬到另一所房子去住，连被褥都搬走了。萧红即将临盆，腹痛发作在炕上打滚，汗水与炕上的尘土混在一起，像个泥人。

萧军用仅有的借到的一点钱将她送到哈尔滨市立医院，强行住进三等产妇室。她生下一个女孩。奶水涨得胸口像塞了石头，硬而痛，看护妇将孩子的小床推向她，她拼命摇手：

“不要！不……不要……我不要呀！”

孩子浑身冰冷，在隔壁不舍昼夜哭了五天，涨水后的蚊虫成群片地在孩子的脸上身上爬行，哭得太久了，小喉咙直作呕。第六天，孩子被不敢看她一眼的、噩梦连连的母亲送了人。

看见孩子送走后萧红刚毅的眼睛，自为身心踧扈的萧军被瞪住了。稍顷，只觉血在身体里沸腾——是的，“丢掉一个小孩，是有多数小孩要获救的目的达到了”。她确是自己将来忠实的伙伴。

在医院已住了快三个星期，院长现在不向他们要住院费，只希望萧红快点出院。裴家是没法住下去了，天气日渐寒冷，幸好水灾后旅馆客源稀少，拿着裴馨园给的5元“巨款”，他们住进即使不租被褥、不包饭食，也要一月60元的欧罗巴旅馆。

产后体虚的萧红只觉旅馆的楼梯是那么长，像通天的小道，走两步，手和腿即不禁颤抖。其实只是三层楼。

虽然萧军以孔武的气势震慑了白俄茶房，为萧红权且开拓了住处，贫穷却像空气，无时无刻不包裹着这对流浪的年轻人。

萧军终日在外揾食，萧红只得独自待在房间，深刻地感受饥饿和寂寞。凌晨，旅馆的过道里暗暗的，没有人，看见别人门边挂摆整齐的列巴圈和牛奶瓶，饿得草褥子都想吃的她甚至生了偷的念头。

幸好有朋友帮衬，萧军亦不辞劳苦四处奔波，他们勉可填饱肚子，以黑列巴蘸白盐、刷牙缸里的热水配白馒头、街边一顿不超过一角钱的廉价饭菜，和热烈的亲吻。

Milk
Milk
Milk
Milk
Milk
Milk
Milk
Milk
Milk

还好，在萧军顶风冒雪的辛劳下，他们总算自饥饿的深渊中一点点爬出。11月时，他们甚至有了自己的小窝——位于中央大街旁商市街25号的一间半地下室。

萧红的主妇生活在四处借钱中开始了。朋友们都穷，借到一元钱是很稀有的事。烧饭、洗碗、刷锅、擦炉台、洗衣、缝补……之外，她也奋力去做家庭教师、广告副手等临时工作，希企补贴一点家用、彰显些许个人价值，但彼时女性的职业选择实在有限，即使在有“东方小巴黎”美誉的“国际化都市”哈尔滨，女人想要独立生存亦几乎不可能。

如果遇见的不是萧军，萧红的日子可能就这样含混下去了。然而连与萧军不睦的裴太太都同意他作为朋友坦率、热忱、真诚，有一种鼓舞人心的力量——这些美德使他在哈尔滨文艺界朋友越来越多。画家、中共地下党员金剑啸就是在小饭馆偶遇萧军，并很快与之亲稔起来的。

11 月下旬，金剑啸发起的“维纳斯赈灾画展”上，萧红得以小露身手，展出两幅粉笔静物画，成为“维纳斯画会”成员，也因此步入哈尔滨著名的文化沙龙“牵牛坊”。

1932年底，《国际协报》副刊举办新年征文，萧军和朋友们都鼓励萧红参加。彼时副刊编辑是方未艾，征文发表不成问题。1933年1月，萧红的处女作《王阿嫂的死》以“悄吟”为笔名刊出，得到热情赞许。

仿佛沉沉暗夜被撕开一绺缝，久不见光明的萧红立刻泼命追寻上去——《弃儿》《看风筝》《小黑狗》《哑老人》《夜风》……她的创作是在愁柴愁米、琐屑劳碌的主妇生涯间隙进行的，虽无好风，竟亦在青天壮游起来。两人的稿费虽不丰厚，但令他们有饭吃，有木柈烧，且有余力帮衬像他们曾经一样贫困的年轻人。

这是萧红长大后最快活的时光了，朋友们常见她和萧军两人虽衣履敝旧却独具风格，欢快地奏着俄式三角琴，边走边唱在中央大街上。

1933年10月，在中共地下党员舒群等友人的慷慨资助下，他们合著的文集《跋涉》自费出版了。

这本署名“三郎、悄吟”的小册子，收录萧军作品五篇、萧红作品四篇，虽然甫一推出就遭当局查禁，但轰动了满洲文坛。他们的生活水准开始改善，装上了电灯，请了家教开始学俄语，萧军还去学了开车。

一切都是那么顺畅，只除了萧军的眼光越来越旁逸在其他女性身上。艳丽的房东三小姐是萧红的学妹，二人只差三岁，萧红却自卑地以为她们中间隔了一道叫作“少女”的鸿沟。第一次去牵牛坊时，她发现萧军和三小姐都是这边熟客——他们瞒着她，在这里单聚了多久？夏夜悠长，她懵盹睡去，他俩在院中葡萄架下喁喁长谈……或许他们未必真有什么，但何必如此毫不避嫌？

上海来的南国姑娘陈涓，脸上不涂粉，头发没有卷，只是扎了一条红绸带，真真素净又美——萧军自然亦看进眼里去。萧红并不知萧军曾塞给陈涓一封信，信里夹一朵枯萎的玫瑰；陈涓为避嫌特带自己的恋人一起拜访，还被萧军偷吻——萧红只是凭女人的直觉和作家的敏锐，感受到屈辱与哀愁。

因为《跋涉》于社会黑暗毫不容情的揭露，据说他们已被日本宪兵队盯上。风声越来越紧，有朋友已遭抓捕，有朋友陆续离开，萧红总觉得有人在跟踪他们。先是闹饿，然后闹猜忌，现在又闹恐怖——还好前两样权且过去了。

正惶惑间，先期避难青岛的舒群写信来邀他们也去青岛。1934 年6 月，他们变卖简单的一点家什，锁上那间承托过他们梦想与奋斗的小屋，取道大连“进关”去了。

6 月15 日，他们终于到达青岛，与舒群为邻住进观象山下一座二层小楼的底层，出门不远即是大海，大家常一道去海边游泳嬉戏。

在舒群的介绍下，萧军在《青岛晨报》副刊任职，萧红亦兼职当地的《新女性周刊》，不久就结识了一些志同道合的新朋友。

生活怡然，感情亦无旁骛，他们每天都将自己按时钉在桌前专心工作。很快，1934 年9 月初，萧红完成了她的第一部中篇小说《麦场》，萧军亦完成长篇小说《八月的乡村》初稿。萧红将成稿以薄绵纸复写了两份，以备出版——只是机会渺茫。幸而青岛荒岛书店的负责人、中共地下党员孙乐文，向他们提及曾在上海内山书店遇见过鲁迅先生，萧军立刻想到求助这位乐于扶植新人的文坛大师。当然，先生名气大，事情多，得不到回复也是正常的。

万没想到，他们居然很快收到了鲁迅先生的回信！

连向以刚强示人的萧军都忍不住泪目。他们将先生的信“护身符箓”似的带在身边，一遍遍读了又读，仿佛茫茫夜海中迷途的渔人睇见灯塔的光纹，将竭的身心顿时有了前行的力量。他们立刻将《麦场》的手稿连同一本《跋涉》寄给了先生。

谁知还没得到回信，中秋节当日，舒群夫妇及岳父一家悉被逮捕，荒岛书店和《青岛晨报》等中共外围组织危在旦夕。拿着孙乐文交予的40元路费，他们匆匆离青赴沪。

1934年10月，他们到达上海，在拉都路283号租了一间亭子间，买了点最基本的生活用品后，手头的钱已所剩无几。

稍伺安顿，他们即写信给鲁迅先生请求约见。谁知先生说见面可以暂缓——后来他们才知道这并非先生“搭架子”，而是当时上海环境复杂，先生已遭当局通缉4年，只得慎行。

先生的回信是他们生活中唯一的光亮，而他们的信也以跃然纸面的热忱与率真一点点唤起着先生心底的温暖与孩气。为使先生更了解他们，他们还在信中寄上二人合影。萧红的问题尤其多，甚至提问：在北京读书时听说先生喜欢蝎虎[1]，可是真的吗？她浑然的天真为上海清灰色低气压下的先生，张起一片黑土地特有的明澈光晕。

在1934年11月20日的信里，先生终于写道：“……我们还是在月底谈一谈好，……”

---

1 蝎虎：即壁虎。

自11月30日在内山书店附近的一家咖啡店见到鲁迅先生一家，他们已倍感欢欣，谁知12月18日，他们更收到先生与夫人许广平共同发来的邀约，请他们19日去梁园豫菜馆赴宴。显然先生一家感受到了他们毫无保留的赤子之心，亦认可他们的才华与努力。

鲁迅先生很重视这次宴请，前一天还亲自去馆子订菜。这次宴会是借了庆贺胡风、梅志夫妇的头生子满月的由头，谁知他们的请柬因故被延迟送达，当晚没能赴宴。这次宴会上萧红还交到一个特别的新朋友——5岁的小海婴。因为她的两条小辫子，更因她天真的笑脸，小海婴将她看作“同龄人”，跟爸妈一样喜欢上了她，也喜欢她为他带来的小礼物——一双大连朋友送的枣木“小棒槌”玩具，和一对祖父留给她的紫红油亮的老核桃。

小海嬰
許廣平先生
蕭紅
蕭軍
魯迅先生
茅盾
聶紺弩
葉紫

为着这次隆重的赴宴，前一天，萧红接到信即跑到一家大拍卖的铺子花七角五分买下一块黑白格子的绒布头，不眠不休为萧军裁缝了一件做工复杂的“高加索式”衬衫。这件宴会开始前一个小时方完工的衬衫是如此舒适完美，令萧军惊喜交加，萧红的疲

劳亦一扫而空，他们几乎融为一体般拥抱在一起……

宴会上，小两口向大家尽情分享了这件廉价又无价的衬衫为他们带来的喜悦，这热烈又清澈的喜悦汩汩流进了在场每个人的心底。鲁迅先生借由聚会为他们引荐朋友的苦心没有白费，那天的每一位客人——茅盾、叶紫、聂绀弩夫妇，后来都成了他们的朋友。

为着纪念这无疆的幸福，他们还特地到法租界万氏照相馆拍了一张合影，他欣喜地穿着她殷勤裁制的这件格子衬衫，她得意又佻皮地叼着一只道具烟斗。

彼时的上海文坛，假如没人引荐，想发表作品几乎不可能，聂绀弩和叶紫都建议他们请鲁迅先生帮忙。开始他们怕自己的稿子不够好，先生为难，后来为了生计，终于鼓起勇气向先生寄稿——先生回信说，写得很好，会为之引荐。

这简直不是欢喜，是狂喜了。在先生无私的襄助下，他们的文章很快先后登上当时的顶尖刊物《文学》，不仅稿费丰厚，在此发表过文字即如“开过光”般，在其他刊物基本畅行无阻。

1935 年6 月，萧军的长篇小说《八月的乡村》与叶紫的《丰收》作为“奴隶丛书”的前两本自费出版，反响热烈。萧红的《麦场》——现已更名《生死场》，虽经鲁迅先生多方兜售，却因稿子誊写字迹模糊抑或笔法犀利等原因，一直耽到12 月方自费出版。

等待的过程令敏感的萧红忐忑不安，但仍坚持完成了《商市街》系列散文和一些短篇小说。胜在这本“参透北方人民对于生的坚强，死的挣扎”的作品一经问世即震撼文坛，创造了重版不下20 次的纪录。“萧红”的名字第一次惊动世人。

鲁迅先生予这对年轻人的关照近乎“宠爱”。不仅常带他们去饭馆“打牙祭”，偕家人去看望他们，1935年11月5日，更邀请他们到家中晚餐——“用接待自己兄弟一样的感情招待了他们，公开了住处，任他们随时可以到来”。

在大陆新村九号那幢“二楼一底”的典型性弄堂独幢房子里，他们与先生一家谈到深夜12点才告辞。蒙蒙细雨中，先生夫妇一直送到弄堂口，为他们付了回家的小汽车钱，指着旁边一扇毛玻璃门上写的一个大大的“茶”字给他们看，这样他们下次来的时候就不会走错了。

1936年3月，他们搬家到先生家步行可达的地方，以便有事可以帮忙，也免得信来件往劳累身体每况愈下的先生。自此萧红每天晚饭后都惯例去先生家坐一会儿，无论刮风下雨从不间断。善谈的她常说起北方趣事，逗得先生哈哈大笑。先生喜吃北方饭食，她常做擅长的酸菜牛肉馅儿饺子、配吃烧鸭的两层薄薄的饽饽、葱油饼、韭菜盒子，先生吃得十分开心。

1936 年5月，美国记者斯诺访问鲁迅，提及彼时最优秀的左翼作家，他列举的作家中有萧军。同时提到：“田军[1]的妻子萧红，是当今中国最有前途的女作家，很可能成为丁玲的后继者，而且她接替丁玲的时间，要比丁玲接替冰心的时间早得多。”胡风等朋友亦常说萧红的写作才能在萧军之上，萧军于此的反馈是：“我也是重视她的创作才能的，但她可少不了我的帮助！”

无论如何，在大家眼里，他们都是一对令人艳羡的文坛伉俪。1936 年春，应《作家》杂志编辑孟十还邀请，他们还一同到杭州小游。但私下里，萧红的心却一日日感受到毒汁的浸泡。

1936 年初春，新做母亲的陈涓带着孩子由沈阳回沪探亲。念及自己已结婚生子，当不会再有波澜，陈涓遂带妹妹来看望他们。非常了解萧军的萧红对此充满防卫，但当然是徒劳的，她只得眼睁睁望着萧军开始每天早出晚归，如果问，结局必是吵闹。她不知道的是，

1 指萧军，当时他的长篇小说《八月的乡村》署名“田军”。

陈涓亦渐渐对萧军“固执的性格”“强烈的情感”“感到烦恼”，看见萧军“很骇怕”。

此时，萧军一直暗恋的李玛丽也来到上海，虽然神女无意，亦不能阻挡他奋不顾身奉上“一只一只”“带着颜色的情诗”，就像三年前写给萧红的一样。

“我没有家，
我连家乡都没有，
更失去朋友，
只有一个他，
而今他又对我取着这般态度。”

萧军的无情乃至拳头令萧红陷入痛苦的渊薮。连一向以为“并不十分爱我的”母亲，她也觉得有了一丝暖意：

“近来觉得眼泪常常充满着眼睛，热的，它们常常会使我眼圈发烧。然而它们一次也没有滚落下来，有时候它们站到了眼毛的尖端，闪耀着玻璃似的液体，每每在镜子里面看到。

一看到这样的眼睛，又好像回到母亲死的时候。……”

也许泪水亦是通灵的，它的不曾滚落，或是因为萧红无处可哭——

“……
坐在床上哭，怕是他看到；
跑到厨房里去哭，
怕是邻居看到；
在街头哭，那些陌生的人更会哗笑。
人间对我都是无情了。”

长期的压抑使她失眠，头痛，面容憔悴，身体消瘦，头发愈见花白，距萧军所热爱的“少女红唇”也越发遥远了。

她整日地待在她在上海的唯一“亲人”——鲁迅先生家里。感觉到了她的哀愁，许广平不得不放下手中许多事陪着她。一次先生午睡时，许广平因陪她说话，未及上楼去关窗，原本体弱的先生受凉又病了一场。

不可再负累先生了。听说弟弟张秀珂正在日本留学，加之友人黄源的妻子许粤华在日本修习日语，可以照顾她，与萧军商榷后，萧红决定去日本暂住一阵，安心写作，兼修日文。萧军也同意以暂别来修弥两人间的罅痕。他自己决定去印象美好的青岛。

1936 年7 月15 日，久病的鲁迅先生专门在家设宴为萧红饯行，许广平亲自下厨掌勺。他们送了她一袋红豆作为临别礼物。

7 月17 日，萧红独自乘船赴日。为免鲁迅先生回信辛劳，她与萧军约定暂不给先生写信。

与萧军偶尔分床睡都不习惯的萧红，到东京后并没有找到弟弟，她觉得自己“充军西伯利亚”一般。如同怀念那“并不十分爱我”的母亲，时空的隔离使她怀想起毕竟相濡5年的萧军，常给他写信诉苦。

8月27日，她在日本唯一的朋友许粤华因经济原因回国，她越发感觉自己在一个人渡过大海。但她是倔强的，即便喉咙痛、头痛、骨节痛、肚子痛，有时竟全身发抖，但只要气力稍缓，她即刻坚持写作，每封给萧军的信都报告她在上海时所没有的畅快的写作进度。

散文集《商市街》与合集《桥》相继出版，均反响热烈，她的经济状况不成问题。努力写作之余，她报名学日文，听抵日的郁达夫的演讲，花6元买新毛线套裙，花5元买新的草褥子，还买了小画装饰房间……窗上洒着白月的当儿，她关灯静坐，蓦然惊觉：此刻，实在是“自由和舒适，平静和安闲”的——这不就是人谓的“黄金时代”吗？然而在这罕有的平安里，她依然感到寂寞与惶然，只觉这安闲不应当属于自己似的。

1936年10月20日，她在一家饭馆里别人的报纸上看见关于鲁迅先生的报道，里面有好几个“逝世”字样。因是日文报纸看不懂，第二天一早她即乘电车去找熟人请教，听对方说“你不懂日本文的，你看错了”，赶紧阿Q般接受这勉强的解释——逃避在命运之神那里不过是掌中儿戏，23日晚，她在中文报纸上看到先生形销骨立的遗容，难掩巨痛直流了一夜的泪。“火上得不小，嘴唇又全烧破了”，10月29日给萧军的信里她说。早不抽的纸烟又挂在嘴上。

12月中旬，萧军来信催促她回国。之前以大男人自诩的他也曾屡以玩笑口吻要她“滚回来”，她一直嘴硬：“你想我了吗？我可不想你呢，我要在日本住十年。”

她不知萧军这回的催促另有隐衷，所以再次拒绝了。一方面日语尚未学成，另一方面这里虽孤寂，但心境相对安和，有利写作。

也许萧红自己都没有料到，1937年1月9日，她即搭乘日本邮船“秩父号”匆匆回国。

归沪当晚，黄源设宴为她洗尘。萧军和黄太太许粤华自然也在座——萧红就是因他们两位——因激情突如其来开始，又因理性突如其来结束——的逾矩关系提前回国的。席间萧军劝她少喝酒，她不听，喝了好几大杯。萧军亦自觉是委屈的——为着道义，他坦白并强行终止了与许粤华的关系，后者还因此做了人工流产，这难道不算一种慷慨的牺牲吗？

虽然萧红写下“只要那是真诚的,哪怕就带着点罪恶,我也接受了”的句子,但无法阻止自己的心发出“什么最痛苦,说不出的痛苦最痛苦”的默号。

稍加安顿她即去为鲁迅先生扫墓,并参与到纪念先生的各种活动中去。此刻她已是很多刊物的“台柱”,声名赫然,大家却仍将她作为“萧军背后的女人”,无论大小事宜都只去找萧军。连此时亦在沪的弟弟张秀珂在他们分歧时都支持萧军。而那个她在东京时,在信上唤她“小海豹”的男人,此刻又向她挥起他以为自豪的铁拳。

更可怕的是诛心。一次,萧军以为她睡着了,和几位朋友一起贬嗤她视若生命的写作。这自不是第一次了,也不会是最后一次。第二天一早,她终于下决心离家去一家画院,希望边隐居疗伤边学习。然而第三天萧军的朋友找到她,她就被画院请退了:“你原来有丈夫呀!那么你丈夫不允许,我们是不收的。”

日本不好再去，故乡亦归不得，萧红想到那曾予她短暂喜悦的有着潇洒的风的北平。1937年4月23日夜，萧军与张秀珂把她送上去北平的列车。

在北平，经同乡李荆山指引，她重逢了昔日好友李洁吾。这是她近来至大惊喜，不由疾步上前给了李洁吾一个热烈拥抱。这西化的举措还给了李太太一些误解。在老友家住了几天，目睹这个小家庭的种种掣肘，她不由向萧军叹息真是各家有各家的苦楚——她川流不息的心事只得还是向萧军倾吐。距离亦使萧军恢复了一些柔情，他在信里转摘了送走她当夜的日记：

“……我知道，世界上只有她才是真正爱我的人。但是她走了！……”

然而他们终究是不同的。萧红倾诉“我的心像被浸在毒汁里……浸得久了，或者我的心会被淹死的”，萧军给出的安慰却是：“看看窗外的天和黄杨树……的叶子们……”或：“早晨一睁眼……就说‘我要健康，我要快乐，我要安宁，我要生活，我要工作下去……”——仿佛对一个心室阻塞的危重病人施用一些碘酒。他并不谈到她的心伤与他的干连。

幸好老友舒群年初已来北平，伴她一同看戏、逛北海、游长城……使她沉郁的心境开朗不少。

1937年5月中旬，萧红回到上海。她的短篇小说集《牛车上》在当月出版，小别时的沟通亦使她和萧军的分隙有所弥合，她重新提起精神，投入到《鲁迅先生纪念集》的编撰工作中去。

不久，震惊世界的“七七事变”爆发，7月29日，北平失陷。8月13日，日军大举进攻上海，反战的日本夫妇鹿地亘与池田幸子成为中日双方眼中的“危险分子”，遭严密监视，人多避之不及，萧红却置生死于度外，仗义地收留他们，还为东躲西藏的他们输送食物、日用品和宽慰。

胡风出面邀大家商议筹办抗日刊物。在这次筹备会上，萧红、萧军第一次遇见同样来自东北的青年作家端木蕻良。胡风提议刊物的名字叫《抗战文艺》，萧红觉得这个名字太直白，说这场抗争由“七七事变”开始，不如叫《七月》。端木表示非常赞同。

9月，上海文化界人士开始撤退，萧红与萧军决定去当时还是大后方的武汉。

逃难的船塞满航道，他们乘的小轮船从南京开了近半个月才到汉口。萧军的朋友当真遍天下，上船的检疫官居然是他的一位故友于浣非。大量难民的涌入使居住成了大问题，幸好有于浣非的介绍，他们住进诗人蒋锡金在武昌水陆前街小金龙巷21号租住的房子。蒋锡金常去汉口上班，他们得以各踞一室安心写作。热情的蒋锡金坚持不要租金，萧红做饭时就常给他也做一份。

10月1日，胡风也到达武汉，《七月》再次创刊。10月下旬，因风湿病发作在三哥家养病的端木蕻良亦应邀抵达，参与《七月》的编辑工作。

端木蕻良本名曹京平，1912年出生在辽宁昌图一个大地主家庭，是家中老小，曾在南开中学和清华大学就读，在校期间领导过学生运动，加入过“北方左联”。他21岁时创作的长篇小说《科尔沁旗草原》被时任《文学》杂志主编的郑振铎高度评价：“出版后，预计必可惊动一世耳目！”1936年初到上海后，他与鲁迅先生通信往来，并在《文学》等权威刊物发表多部作品，素向矜傲的上海文坛甚至称1936 年为“端木蕻良年”。只是他的装扮——流行的很高垫肩的西装，很长的鬓角和脑后几乎盖住脖子的长发，纤细的棕色鹿皮手套，长筒马靴，船形小帽，加上有点羞涩的举止——似乎跟衣着随意的大家格格不入，被戏称为“一字平肩王”。

率真的萧红曾试戴他的手套，大笑：“哎呀，端木的手真细呀，他的手套我戴正合适哩。”一旁的萧军同样坦直地笑着。

不久，找不到合适住处的端木也想与他们同住。蒋锡金向邻居借了一张竹床，一张小圆桌，让端木和他睡在一个房间。后来，女漫画家梁白波也搬进来，端木把床让给了这位金剑啸的旧日好友，和萧军、萧红挤在一张床上——在东北乡下，一家老幼不分男女同睡一张大炕本是平常，战乱时代更是不得已。

在这难得的和平间隙，萧红开始着手创作长篇小说《呼兰河传》。这部小说开篇的前两章都在抒情，没有惯常的戏剧冲突类的小说技法，在写长篇小说《第三代》的萧军看了，嘲笑她不会写小说，还跟蒋锡金转述，把萧红气哭了。端木却总是站在她这一面，赞美她作品的成就超过萧军。

这是多年来，她身边唯一一个坚定的同盟者。

遵许广平的嘱咐吃了乌鸡白凤丸后，萧红的身体状况有了很大改善，她负起了大家的吃饭任务。蒋锡金发现萧红具有非凡的烹饪天赋，尤其那道拿手的俄式大菜汤“苏波汤”，总是吃得大家意犹未尽，将之命名为“萧红汤”。

尽管每天辛苦地照顾大家，但似乎永远得不到来自男性的尊重。一次，萧红想向读者介绍两本书，一本是美国女作家史沫特莱的《大地的女儿》，一本是德国女作家丽洛琳克的《动乱时代》，借以揭示男权社会里女性的被压迫，号召女性积极投身抗战大时代中去。结果又遭到萧军和另一位男士的嘲讽，他们把两本书翻了翻放到地板上，说：“这就是你们女人的书吗？看一看！它在什么地方！”还怪腔怪调地说唱贬低起来，直到把萧红气哭。

番茄
青椒
牛肉
土豆
圓白菜
胡椒麵
奶油
"湯紅蕭"

情感裂隙的加深，有时并不因什么轰轰烈烈的大事件。一天，大家一起散步，萧红半路去买花生米，买完发现萧军不等她，已经走出去很远，她立即转头回家去，朋友们赶紧追上去叫她才回来。

心情沉郁的萧红或许因之会想起，还是在哈尔滨时，他们的处女作《跋涉》刚问世，两人高兴地去松花江划船，萧军的白衬衫被江水冲走，他发现远处江面上有个白色的东西，追上去发现是条死去的鱼。萧军对捉到鱼感到得意，但光着膀子在中央大街走总不太合适，就让萧红回家帮他拿衣服。体弱的萧红来回跑得满头大汗，以为萧军见到她第一句话该是“你热吧？”，没想到他先问的是死鱼：“你把鱼放在哪里啦？用凉水泡上没有？”

1937年底，萧红与萧军搬到离胡风住所更近些的紫阳湖畔，端木留在小金龙巷。他们仍常回小金龙巷，有时萧红一个人来，有时和萧军一起。端木也学过绘画，对书法颇有研究，萧红和他很有共同语言，两人越谈越觉理念投契。

一天，端木外出回来，见自己练字的毛边纸上有萧红来过留下的字迹："君知妾有夫，赠妾双明珠。……还君明珠双泪垂，恨不相逢未嫁时。"最后一句反复写了好几遍。

许是萧红不懂得掩饰自己的情绪，粗放的萧军对这种微妙的情愫似乎也有所察觉，一次他也来此练字，边写边高声念："瓜前不纳履，李下不整冠。叔嫂不亲授，君子防未然。"

不久，1938年1月，萧红、萧军、端木、聂绀弩、艾青等作为文化界名人应邀去位于山西临汾的民族革命大学任教，这所大学的创办人是阎锡山，"抗日七君子"之一李公朴任副校长。1月27日，他们兴致高涨地同乘一列简陋的铁皮货车出发了。

经过十几天的颠簸，2月6日，他们抵达临汾，被聘为民大的“文艺指导员”。

此时丁玲率领“西北战地服务团”三十多人从前线也来到这里。这位昔日领军中国文坛的女作家已由“文小姐”转为“武将军”，身形比从前魁梧许多，穿一件缴获自日军的黄呢大衣，举手投足很有军人风范，与苍白纤弱的萧红形成鲜明比对。

四面八方的学生源源不断地到来，竟有五千多人，而学校刚成立设施不全，每间狭小的教师宿舍都要挤五六个人，吃住很不方便。萧红、萧军吃过苦，还能忍受，没有吃过苦的端木感觉度日如年。

不过区区十数天，情形再度疾变，日军迫近临汾，民大总部准备撤退。萧红与端木等都决定追随丁玲的“西战团”去运城，那里有“民大第三分校”。萧军却坚持留下和民大的部分学生一起打游击。萧红一再劝萧军，人应各尽所能，优秀的作家牺牲生命是对文学事业的巨大损失。吵到后来，萧军喊道：“我们还是各自走自己要走的路吧，……”

情绪激烈的萧红听到这句话，反而平静下来：“好的。”

3月初，萧红与端木一行跟丁玲的“西战团”辗转去了西安。路上他们一起创作了一部抗日题材三幕剧《突击》，3月16日始在西安三天连演七场，场场爆满。周恩来观看演出后接见了他们。

大家住进陕西省立西安女子师范学校的一排房子里，彼此接触方便，常在一起探讨问题。去“碑林”游览时，曾就读清华大学历史系的端木对《大唐三藏圣教序碑》的朗朗解读使萧红心生敬佩。端木发现她很喜欢吃西安特产的酸酸的“粉皮儿”。

分别时萧军一再叮咛聂绀弩和丁玲照顾萧红。听萧红倾吐了之于萧军种种悲欢的聂绀弩，更深地理解了她作为女性被沉重压迫的痛苦和决不妥协的勇气，但当聂绀弩发现跟随萧红很久的一杆心爱的小竹鞭到了端木手里，还是觉得她错了。即便出于对鲁迅先生的情感，大家也不乐意接受“二萧”这对先生曾深切关怀过的爱人解体，何况萧军的“继任者”可能是“傲慢、自私、懦弱、不合群”的端木。

不久，聂绀弩和丁玲去了趟延安，遇到本想转道延安去五台山打游击的萧军，丁玲劝他一起来西安参加“西战团”，他同意了。

4月初，看到返回的队伍中多了一个萧军，萧红和端木都愣了一下。一两天后，萧红刚走进端木的房间，萧军闯进来：“萧红，你和端木结婚吧！我和丁玲结婚！”

此时丁玲正寄情小她13岁的“西战团”团员陈明，丁玲这次去延安述职亦有此缘由。萧军这样说自有原因，亦是为了刺激萧红和端木。

如果说之前端木和萧红的交往还只处于好感阶段，那么经此一役，他必须摆明立场。如果此时急于撇清关系，萧红将被置于何地？据说萧红从此一直避免与萧军单独相处，萧军则常提着木棒跟在她和端木身后，还曾深夜找端木决斗。人非草木，即使萧军这样向以豁达、伟岸示人的汉子，6年的恩恩怨怨却也不是他自诩的“不爱便丢开”那样容易。

爱情的迸发很多时候缘于遭到禁忌——也许正是萧军的无法理性推动了一向内敛的端木，他决心与萧红结合，哪怕她腹中正怀着萧军的孩子。

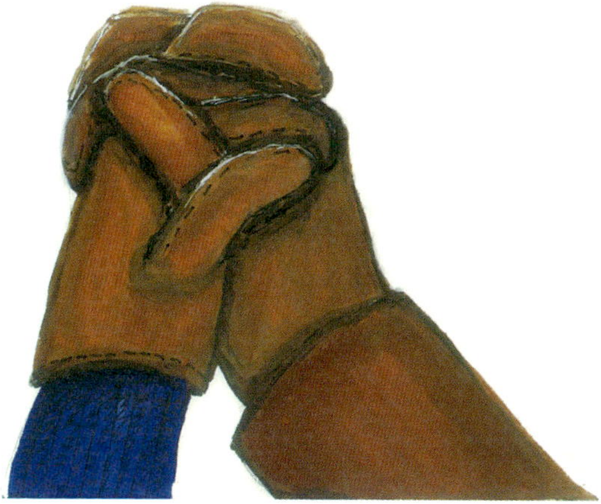

1938年4月20日，萧红与端木回到武汉。

萧红应邀住进已是国民政府官员的鹿地亘夫妇的家，然而池田幸子对萧红的表现似乎不太满意，向胡风太太梅志诉说：一到晚上，端木一敲窗户，萧红就跳窗跟他跑了，很好的房子也不住了，简直是“夜猫子”。

池田的投诉，倒确凿了萧红与端木的热恋。决计开始新生活的萧红想要堕胎，与怀孕的梅志一起去医院咨询，得知手术费要140多元，大家都吓了一跳，实在出不起。况且萧红腹中的孩子也有三四个月了，手术风险太大。她们只好无奈地离开了。

1938 年6 月下旬，27 岁的萧红与26 岁的端木在汉口的大同酒家举行了结婚典礼。他们身着新装，看起来真是漂亮、儒雅的一对。

主婚人是端木三哥的未婚妻刘国英的父亲——与端木的亲友们一样，刘老先生开始也并不赞同这门婚事，但大家还是遵从了端木的执着。虽然萧红的一些朋友，如胡风夫妇也参加了婚礼，但她的朋友们似乎更不看好端木，敏感的萧红只觉朋友们的眼神变成了“不坦直的，大有含蓄的”。

明知这是一场不被真心祝福的婚礼，端木还是坚持要办。他认为萧红之前被不负责任地离弃，主要在于汪恩甲和萧军都没有和她正式举行婚礼。没有婚姻形式的约束，这些男人就有着随意背叛她的放肆。

婚礼结束他们回到在大同酒家二楼包下的头等房间。端木向萧红表述了男人不宜在女性孕期要求亲热的“古训”，萧红感动得落下泪来，将鲁迅夫妇送的红豆转赠端木作为信物。

平静的日子没过几天，1938 年7月，日军开始轰炸武汉，国民党政府和达官显贵纷纷撤往重庆。端木本想去武汉周边前线做《大公报》战地记者，但时局变化太快，国军即将撤退，他的战地记者梦想只好暂停。

萧红委托老友罗烽购买去重庆的船票。船票实在紧张，罗烽先只买到两张，宜让罗烽太太白朗和罗母先走。后又只买到两张，如果让罗烽和孕妇萧红一起走，未免有些不便。端木在重庆有亲友，萧红让他先去人满为患的重庆打前站，她在武汉朋友多，不会缺人照顾。

8 月初，端木先行离开。谁知向端木承诺照顾萧红的田汉太太安娥因故不去重庆了，萧红大腹便便独自滞留在了武汉。她打了人力车去汉口的“抗战文艺协会”，不由分说在楼梯口的走廊上铺了张地铺躺下。郁热长夜蚊虫肆虐，幸尚有一豆蚊香微光相伴。

蒋锡金问，为什么端木不带你走？她说，我为什么要他带？

东北老友高原从延安来此，老友初见十分欢喜，但听说萧红已和端木结婚，高原批评她太轻率，“不注意政治影响”“犯了不可挽回的严重错误”。萧红生气地说：“你学会了几句政治术语就训人。”

一天，萧红心情不错，请大家吃冷饮，将自己仅有的5元钱花掉一半，剩下的给女招待当了小费。蒋锡金见她行事仿佛孩童，丝毫不想明日事，不禁替她担忧，8月底被派往广州工作前，他替她向书店借了150元钱，说明萧红会用稿子来还，如不行，他一定用稿子还。

耽到9月中旬，中华全国文艺界抗敌协会理事孔罗荪终于帮萧红拿到去重庆的船票，可与冯乃超的太太李声韵结伴。谁知船到宜昌，李声韵突发大咯血，好容易在熟人的帮助下把她送到医院已经是深夜，萧红找不到自己乘坐的那艘船了。她一个人在码头奔来跑去，心底有个声音一直在回旋：

“我总是一个人走路，以前在东北，到了上海后去日本，从日本回来，现在的到重庆，都是我自己一个人走路。我好像命定要一个人走路似的……”

夜黑眼拙，更兼心焦，她被缆绳绊倒了。她拼命挣扎，无奈肚子太大、身心俱疲，无论如何都爬不起来。不知躺了多久，好容易有人经过方把她扶起。

端木按萧红信中告知的船名和抵岸时间去码头接她，自然接不到。端木一夜焦心，第二天又去，才见到疲惫的萧红。

端木送她去友人范士荣家住，自己暂居单身宿舍。范家人称呼她“曹太太”，令萧红讶异又开心。

不久，萧红独自去江津投奔罗烽白朗夫妇。大约因产前抑郁，她几次向白朗甚至罗母发火，但总的来说心情尚可，细心地给自己和未出世的小孩做了衣服，还写了两个短篇小说。

11 月，萧红在江津一家小医院生下一个白胖的男孩。据白朗说，孩子四方脸，长得很像萧军。谁知三天后，白朗再去看望时，萧红说孩子夜里抽风死了。白朗大吃一惊，要去找医院理论，被萧红阻住。事后，白朗想起孩子死的前一天，萧红曾跟她要德国拜耳产的“加当片”，一种比阿司匹林厉害得多的镇痛药。

渡口分别时，萧红向白朗表达感激与祝福。白朗也祝福萧红，萧红苦笑：

“我会幸福吗？莉，未来的远景已经摆在我面前了，我将孤寂忧悒以终生！”

回到重庆，萧红住进端木在歌乐山云顶寺下“乡建社”楼上租的一间房。12月22日，她在端木的陪同下接受了苏联“塔斯社”重庆分社记者B.H.罗果夫的访问。后来罗果夫还将他们的短篇小说翻译介绍到苏联去。也来到重庆的池田幸子即将临产，希望萧红帮忙照料，她遂去米花街1号与池田幸子及绿川英子小住了一段时日，常做拿手菜给大家吃。

1939年1月，听说亦逃难至此的梅志生产，萧红携一株红梅赶去探望。梅志见她虽生产不久，但气色很好，一件黑色镶金丝线边的长旗袍勾勒出匀婷的身材，衬着清香扑鼻的红梅，委实高贵清雅。这件旗袍的衣料、金线、铜扣都是地摊上买的，是萧红的巧手将之成为一件上等衣裳。

闲谈中，梅志忽然想起有萧军的来信，就找来给她看。信中有一张1938 年6 月，萧军和新婚妻子王德芬离开兰州前在黄河边的照片。萧红看完，绯红的面色变得青白，石雕似的坐着。梅志慌了，后悔自己的冒撞，只好看着她仓皇而去。

因为“乡建社”的房子老鼠太多，萧红害怕，1939 年6 月，他们搬到位于黄桷树镇北碚的复旦大学宿舍。为生计端木身兼多职，包括在复旦大学新闻系任教授。教务长孙寒冰请萧红也在复旦教些文学课程，萧红毫不

犹豫地婉拒了。写作方是她乐以平生为旗的至大奋战。

有人评判萧红成为“教授夫人”后打扮华丽而不亲切了，有时见到“朋友”也不打招呼——池田幸子生女儿后，跟梅志抱怨萧红夫妇去吃饭，饭不够，阿妈[1]不高兴；战时交通不便，有时赶不及回家，他们在阿妈住的大厅里打地铺借住，阿妈更不高兴，要辞职；池田说自己“没有保姆不行的”。

亦有人信仰萧红嫁给端木是栽进了“奴隶的死所”。从前她事必躬亲倒也罢了，如今她为多点时间写作请了保姆，有些没有请的人遂将她命名为“保姆头头”——大约萧红以为与其沐在那些“不大坦直的目光里”，不如浸在自己天地初始般的文字世界中。

---

1 阿妈：保姆。

为虔心写作，他们将窗户都用纸糊了。8月底萧红已发表小说6部，散文7篇，关于鲁迅先生的纪念文章多篇，长篇小说《马伯乐》开始动笔。端木创作了多篇收入单行本《风陵渡》的短篇小说，还应在香港的戴望舒邀请为《星岛日报》副刊连载长篇小说《大江》——一次端木生病，萧红还帮他写了一段。端木则为萧红的《回忆鲁迅先生》代写了后记，还常为萧红的书设计封面、画插图。是年，端木创作的散文诗《嘉陵江上》被作曲家贺绿汀谱成歌曲，广为传唱，成为鼓舞抗战士气的名曲。

只是日机频繁轰炸重庆，据说北碚有武器库，日机更昼夜轰炸，他们写一小段文章要中断好几次。12月的轰炸中，复旦校舍遭到严重破坏。重庆湿冷的气候本就不适多病的萧红，加之轰炸导致长期失眠，她的身体愈加衰弱，写作被迫中断，只好考虑离开。

嘉陵江上
那一天，敌人打到了我的
村庄，我便失去了我的
田舍，家人和牛
羊。
如今我徘徊在嘉陵江
上，我仿佛
闻到故乡泥土的
芳香
一样的流水，
一样的月亮，我已失去了一切欢笑
和
梦想

1940 年初，孙寒冰请端木去香港主编《大时代文艺丛书》。1 月14 日，他们进城委托中国银行的朋友购买去香港的机票，没想到当时中国银行有所谓“机动舱位”，是晚他们就被告知15 号有一张票，17 号有两张。连回北碚家中收拾书稿、行李的时间都没有，他们只得匆忙电话委托端木二哥的同学帮忙善后，自己几乎空手飞到了香港。

他们的抵港受到文艺界人士的热烈欢迎，很快结交了许多新朋友，常参加各种左翼文学活动。为纪念鲁迅先生60 周年诞辰，由端木执笔、萧红修改的哑剧《民族魂鲁迅》8 月3 日在加路连山的孔圣堂成功演出。

由于行程仓促，未及告别友人，有好事者便杜撰他们“秘密飞港，行止诡秘”，甚至说他们是追随汪精卫去港。萧红听闻悲愤交加，“悲”自是领教了那需要改造的无处不在的“国民性”，“愤”更是因了最热心的杜撰者竟是多年老友。

相对稳定的环境令萧红的创作再次井喷。1940 年3月，她的短篇小说集《旷野的呼喊》出版。6月，《萧红散文》出版。7月出版的《回忆鲁迅先生》则被认为是纪念先生的作品中最好的一部。

抗战题材的长篇讽刺小说《马伯乐》第一部结束后，萧红即着手完成长篇小说《呼兰河传》。去乡六载，对故乡的眷思早已排山倒海将她淹没，那些曾伴她走过呼兰河畔的童年、而今不知在杳杳洪荒何处挣扎的美丑相间的人们，更是强烈攫撼着她的心弦，她想请从生到死从未停歇的他们小坐一会儿，为他们梳一梳蓬乱的头发，理一理褴褛的衣裳和魂灵……

生活和创作尚算顺利，只是心底的郁结萦绕不去。在给白朗、华岗等友人的信里，萧红一再倾述自己无以逃遁的悲伤:

“……不知为什么，莉，我的心情永久是如此抑郁，这里的一切都是多么恬静和幽美，有田，有漫山漫野的鲜花和婉转的鸟语，更有澎湃泛白的海潮，面对碧澄的海水，常会使人神醉的，这一切不都正是我以往所梦想的佳境吗？然而呵，如今我却只感到寂寞！……”

香港湿润的气候并不适合肺病的将养，压抑的心情对病体无疑雪上加霜。1940 年9 月，到香港养病的史沫特莱见萧红多年来从未得到休养的身体十分糟糕，请她到朋友的别墅同住了近一个月。史沫特莱判断香港很快就会落入日军之手，建议他们尽快撤退到“坚不可破”的新加坡，还安排新加坡的朋友与他们接洽。

也许实在跑得太累了，也许是身体状况不允许再次奔走，萧红对此有些犹豫。拜访来港的茅盾时，她提及这个建议，但茅盾因工作关系走不开，且就战局走向宽解萧红，去新加坡的想法遂被搁置。

10 月，完成中篇小说《小城三月》的萧红住进史沫特莱推荐的玛丽医院。院方主张将她肺部钙化点挑开，用当时流行的“充氧疗法”使其彻底痊愈。病床被安置在医院四楼前方的大阳台上，面朝大海，以使她充分吸收大自然中的负氧离子，谁知萧红的身体反更虚弱。

虽然二人笔耕不辍，端木还主编《时代文学》，但他们的收入只够维持基本生活。幸好诗人柳亚子先生找到时代书店老板周鲸文，为萧红落实了全部住院费用。

一个台风大作的夜晚，端木忽然接到医院护士的电话，说萧红病危。如遭霹雳的端木顾不得多想，忙冒着12 级台风渡海赶到医院，结果发现萧红正好好睡在床上，原来是值班护士打错了电话。萧红很开心他的突然到来，端木心底却有一种不祥的兆头。

萧红住院住得很不耐烦，闹着要端木接她出院，他不同意。11 月下旬，中华全国文艺界抗敌协会香港分会负责人于毅夫一时心软，把她接回她和端木在九龙的住所。周鲸文去探望时，发现他们的住所简陋，不利养病，建议她重返玛丽医院，还留下一笔住院费。但萧红最终没有接受这个建议。

1941年12月8日，太平洋战争爆发，九龙顿时陷于日军的炮火中。

警报的哀号和炸弹的轰爆对萧红来说并不陌生，但这次卧病的她格外没有安全感。柳亚子来探望，她抓住柳亚子不让走，眼中流露出极度恐惧——当是7年前被圈囿在哈尔滨东兴顺旅馆时遗下的应激反应。而此时端木手边有许多事要去处理：工作的善后，找朋友商议突围的可能及办法，去银行取他们的一点存款，取斯诺夫人从美国为萧红汇来的200元港币稿费，尽可能储存些食物……

幸好此时，一位叫骆宾基的年轻人打电话来辞行。他是吉林珲春人，原名张璞君，比萧红小6岁，是张秀珂的朋友，流亡桂林时发表过一些作品，9月28日方抵香港。身无分文的他听说端木亦来自东北，遂打电话求助。端木赶到旅店看他，征得周鲸文同意，将他安顿在时代书店宿舍，写信托朋友照顾他，并停掉自己在《时代文学》上的长篇小说《大时代》，登载他的长篇小说《人与土地》——听见端木请求帮忙照顾萧红，骆宾基慨然应允。

12月9日凌晨，九龙即将沦陷，端木、于毅夫、骆宾基用

床单做了一副临时担架，将萧红抬上人力车，抵达港口后乘小划子渡海到香港岛，四处辗转，方找到朋友让出的思豪酒店五楼的一套房间。

18 日，思豪大酒店六楼訇然中弹，所有人都逃到地下防空洞去了，但萧红动不了，整个酒店就剩下端木和她两人。他们只好再次搬走，几经周折，住进时代书店之侧的一个裁缝铺车间。

日军占领香港后，炮火稍停，端木拖着患有风湿病的腿一瘸一拐四处为萧红找医院。朋友们大都突围走了，可求助的人越来越少。总算香港最好的私立医院——养和医院还在开业，只是价格昂贵。斯诺夫人汇来的稿费早已取不成了，幸好柳亚子临走时留下40美元、周鲸文临走时留下500元港币。但此时只流通日本人发行的“军票”，规定一元军票相当于两元港币。到1月13日，百元港币在市场上只能按七折兑换小额钞票，500元大钞票只能按照四五折兑换……钱全毛了。

医生诊断说萧红的病是气管结瘤，故难以呼吸，需要立即手术。端木的哥哥也患结核病，开刀后刀口溃烂不能封口，已卧床8年，所以端木坚决不签字。但萧红已被疾病折磨得失去理性，1942年1月13日，她自己签字进了手术室。

结果手术并没发现瘤子。萧红因气管被切开装了铜呼吸嘴，时时需要吸痰，不能进食，苦不堪言。而伤口果然发炎，引发高烧，她陷入昏迷。

彼时所有的车全被日军“征用”，1月18日，端木冒着暴露身份的危险求助一位日本记者，调到一辆红十字急救车，将萧红转入玛丽医院，确诊为肺结核与恶性气管扩张，重新做了手术，更换了喉头呼吸管。1月21日晨，已陪伴萧红40多天的骆宾基见她状态似乎有好转，决定回九龙住所取他视若生命的书稿。

第二天黎明赶回时，骆宾基发现玛丽医院已被日军“征用”，门口已换上“大日本陆军战地医院”的牌子。他忙赶到时代书店宿舍，见到端木留下的条子，又匆匆跑去位于圣士提反女校的红十字临时医院。

在没有暖气的冰冷房子里，他见萧红仰面躺着，面色惨白，眼睛紧闭，头发散乱在枕头上，已完全失去知觉，不由想起数日前萧红的话：“若是萧军在……他一定会来接我的。”她是那样地渴望活下去啊！然而她何尝不知如彼乱世，每个人都已竭尽全力，每个人亦都回天乏力——19日夜12时，她曾用手势要笔，在拍纸簿上写下：

“我将与蓝天碧水永处，留得那半部《红楼》给别人写了。半生尽遭白眼冷遇……身先死，不甘，不甘。”

1941 年1 月22 日上午11 时，萧红嘴唇变黄，脸色转灰暗，喉管刀口涌出泡沫，吐完在这人世间的最后一口气。

战争中生命何如草芥，骨灰盒自是供不应求。端木好容易敲开一间古董店的门，买了两个素色古董罐，把萧红的骨灰分装在两个罐子里。1月25日，他手捧骨灰罐步行到浅水湾，在红影树和翠竹绿柏间，选了一个面朝大海的花池，以手掘土，安葬了萧红的骨灰，并安插了“萧红之墓”的手写木牌。

当晚，他将另一罐骨灰悄悄埋在圣士提反女校面向东北山坡的一棵树下，寓意回望东北故乡。

1944年11月，在香港的诗人戴望舒收到来自贵州遵义的端木的信：

“萧红女士墓照，弟虽由大公报收得，但以桂变遗失，兄处或尚有保存乎。又弟不能迅速莅港，盼兄或可分神照料乎。又弟拟迁之西湖，兄意亦以为然乎？弟对此皆感焦虑，盼兄能为告，感激无拟。”

戴望舒不负友托，在一位日本友人的帮助下，于20日与叶灵凤一道，终于到得浅水湾萧红墓前凭吊，并写下著名的《萧红墓畔口占》：

“走六小时寂寞的长途，
到你头边放一束红山茶，
我等待着，长夜漫漫，
你却卧听着海涛闲话。”

尾声

萧红短暂的一生充满苦难,“满天星光,满屋月亮,人生何如,为什么这么悲凉”是她为所深眷的故土上的人们发出的哀叹,也恰如她为自己迸发的悲鸣。

萧红短暂的一生又是如此壮丽。自20 世纪30 年代初启笔,她的作品即长销不衰,被译成多国语言广为流传。美国著名萧红研究专家葛浩文先生20 世纪70 年代以论文《萧红评传》获博士学位后,以萧红作品乃至人生为主题的国内外学术论文已逾两万篇,电影、电视剧、话剧、歌剧等多种艺术形式迄今近百部,个人传记约著作百部。她的家乡黑龙江省专门设立了萧红研究协会,黑龙江大学设有萧红研究中心。位于哈尔滨市呼兰区

的萧红故居自1985年开放以来，已接待数十个国家近千万人次。《呼兰河传》入选香港《亚洲周刊》“20世纪中文小说排行榜”第9名。耶鲁大学博士、哥伦比亚大学教授夏志清说，没有在自己的英文名著《中国现代小说史》中深入评点萧红的《生死场》与《呼兰河传》，实在是不可宽恕的疏忽……

倘若上天有灵，得知自己以区区8年的写作，业成中国历史上被友人、专家、读者追忆最丰富、最详尽、最深入的“文艺洛神”，这位平生天真倔强爱自由的呼兰姑娘，你破碎的寂寥的身心，可会得到些许安慰吗？

愿你在蓝天碧水中得到和平、健康、富足和很多很多的爱。

关于萧红的几个谜题——

Q: 汪恩甲和他的汪氏家族究竟去了哪里?

A: 有人说, 汪恩甲对曾经“逃婚”的萧红实施了严苛报复, 故意抛妻弃子。

有人说, 汪恩甲回家取钱时依旧被家人扣住。汪家慌忙举家迁徙, 从此隐姓埋名。

有人说, 直到8月初哈尔滨发洪水汪恩甲也没有回家, 家人并不知其当时去向。

有人说, 适逢乱世, 和平市民失踪事件层出不穷, 汪恩甲倘遇害毫不意外……

如果说“女人”萧红不得不是脆弱的, 那么

“作家”萧红铁壁铜山，下笔之烈罕人可及，但在毕生写过的近百万字中，竟无一字关于“未婚夫”汪恩甲。

都说萧红至死是个孩子。孩子是缺乏边界感的，只会纵情而动。她向端木蕻良抱怨萧军，向骆宾基抱怨端木，然而所有人对汪恩甲唯有“抛妻弃女”的单薄印象。人都是立体的，单薄必非实相——事情的另一面究竟如何？

彼时的哈尔滨是中国一线城市，担得起那句“车如流水马如龙”，其实亦不过区区三十几万人，其中还有十万是外国侨民。汪恩甲的哥哥又是本埠教育界名流，说汪恩甲就此“失踪”，客观上是不可能的。如果萧红想去寻在此根深蒂固的汪氏家族，绝非大海捞针——又不为做汪家妇，只为将孩子送还，难不成汪家会将孩子覆水般泼出？但她竟为何没有这样做，宁可将孩子送给危险的陌生人呢？

相较其他民国作家，萧红研究开始得并不晚，且多有官方背景，难道研究者们篦遍哈尔滨找不到偌大汪氏家族半点踪迹？直到近年，方据说端木的侄子曹革成，端木蕻良研究者，找见了汪恩甲的“后人”，说汪恩甲离开萧红第二年去了法国留学，后回哈尔滨成家生子，1950 年因历史问题死于监狱——汪恩甲在各种萧红传记、影视作品中永恒地被人设成人渣，若他果有后人，且是留法精英的后人，而对此不置一喙，实在有些诡异。

所有的猜测都有可能，所有的猜测亦各有短板。当真爱或恨过一个人，很难做到片叶不沾身。何况萧红擅长倾诉。但她所有作品中，即使与汪恩甲距离最近的那篇纪实小说《弃儿》里，也看不到他的片羽蛛丝。那时他们分别不过半年多。不得不孤身诞女的萧红宁可表示恨那个向她要账的旅馆掌柜——我一位悬疑小说看多了的朋友脱口而出：“要么，是她失手杀了他？”

这……萧红一个孕妇，如何拖得动近一米八

的汪恩甲？萧红于此终生缄默的缘由也许很多，底牌或者只有两张：要么是太爱他，不可说，一说便是错；或者，从未爱过他，在记忆中一刀结果他，不费事儿。

Q：萧红为什么和萧军第二次见面就做了“该做不该做的一切”？

A：作为“热情，冲动，精力旺盛”的典型性胆汁质气质，萧军的做事风格素来是如火如荼，速战速决，追求女性亦不例外。连成熟女性丁玲也被其感染——1938年3月，丁玲从西安去延安述职时住在交际处招待所，与彼

时短途过境延安的萧军住隔壁院子，“半夜，萧军越围墙而入室，丁玲称其无法拒绝”——何况处在“落难”景况与“密室”环境中的22岁萧红。

这种情感瞬间爆发力通常会被诠释为“男性魅力”，很容易令普遍缺爱而恋爱脑的女性以为这就是“与咳嗽一般无法掩饰的爱情”。萧军的文人身份对女文青来说亦自带光环，萧红心动顺理成章。困顿于黑暗中太久，骤见一丝光亮焉得不飞身向前。探询这光缘何而来、会否灼人，只得是抽离黑暗以后的事。

自然，“车”开得太快不是萧红本意。但后半生坦荡示人示己的心理学家胡因梦曾在其自传《生命的不可思议》中坦承：怀孕期间，她的生理需求特别旺盛，作为单亲妈妈，她简直恨不能上街抓一个男人——没有萧红们的泼命开拓，就没有胡因梦们的坦然自若。

Q: 为什么萧红“跟大家一样讨厌端木蕻良”, 却要嫁给他?

A: 在彼时身心激烈的左翼文人中, 吃“鹰派”炼乳长大、突击十一个夜晚复习即考入清华大学的端木蕻良是一个异类。

孤芳自赏在多元体系下不是问题, 但在集体主义氛围中如同小丑。无怪乎大家对端木考究的衣着、艺术范儿的发型看不顺眼。相由心生, 虽然一早就加入“左联”, 对贫富不公等“社会黑暗面”有着敏锐的反感与反抗, 但他的底色无疑渗透着布尔乔亚风。虽然他曾想去延安, 唯因萧红担心在那里遇见萧军而作罢, 但在大家眼中他的革命性是摇摆的, 不够彻底的。

他在大家眼里还不如萧红更富有战斗力。不说萧红的成名作《生死场》对“社会底层人民”的精微描写与深刻同情, 单她是鲁迅先生最欣赏的新生代女作家这一条, 便无人敢质疑她的

立场。

在某个“立场”站久了，难免会忽略真实自我。自小成长环境和受教育背景的相近自令他们三观趋同；教养良好的端木相对来说对女性也更懂得与尊重（这是某些男性不喜欢看到的，就像贾珍贾琏与贾宝玉的格格不入）；而关于端木的才气，后来老舍先生曾说，北京市文联他就“怕”两个人，一个是端木，一个是汪曾祺——萧红在心理上已暗暗投降。

接受一个不被大众祝福的恋人是需要很大勇气的，这表明自己内心不被大家接受的部分被暴露了。萧红在众人声讨端木时保持沉默，甚至与他们声口一致，一方面是“立场”站久了的惯性，另一方面也算一种本能的自保——她还要活下去，她还需要这些“朋友”。如果她表示认同端木，只得同他一道出局。如果她压根儿不认同端木，就不会嫁给他。

Q：端木蕻良对不起萧红吗？

A：如果说端木之前在团体中只是小受排挤，跟盛名的萧红在一起后被百般挑剔，那么萧红不幸离世后，他简直是遭到唾弃了。

若萧红去世时身旁的伴侣仍是萧军，大伙多半只会同情他失去爱人。但换了端木，人们却将萧红之死怪罪在他头上——也许这就是“人缘”，乃至“气场”的力量吧。虽然萧军也是孤傲的，但毕竟是“战友”，而且以他“鲁门首席弟子”的声名和动辄亮刀子的性情，也很少有人胆敢公开挑战他。

端木就不同了，既无门派撑腰，也无同党襄助，体力上也不占优势，批判他几乎零成本。他的罪状主要是缺乏“承担”，无论是任萧红独自“处理”她和萧军的孩子，还是萧红去世前，他曾将她交给骆宾基陪伴，自己“失踪”数日。

萧红在原生家庭是长女，端木在原生家庭是幼子（他本有一个妹妹不幸夭折），两人关系中一定是萧红更具掌控力。除非决心放弃这段关系，否则端木只得听从。这一度是萧红所诉求的，她曾在萧军强大的掌控力中伤痕累累，换了更温和，或者说更“懦弱”的端木不是求仁得仁吗？为何依然意见良多？大约由于一段关系中较弱的那一方并非不反抗的，只是反抗方式比较“委婉”，往往是打岔或逃避。端木的离开固然可借口“工作”或“办事”，但不排除亦有长久照

料病人的疲惫感，或长期被驱使的逃避意味的缘由。这亦算人之常情吧，与爱或不爱无关。谁也无法料到年轻的萧红会骤然离世。

据说——据曾应端木请求陪伴萧红临终前44天的骆宾基说，萧红早就想与端木分手了。还用一个巧妙的譬喻诠释萧红的竟未分手：“筋骨若是痛得厉害了，皮肤流点血也就麻木不觉了。”——从某种意义来说，这也表示萧红在端木处就算受伤，受的也是皮外伤。

兼听则明，端木对此怎么说呢？他的选择居然是——从来不说。这种“不说”可以诠释为不想说，“君子不辩”；亦可能因为无法说，感情太过浓郁五味杂陈，则淤在心口难开。

与萧红分手后一个月，萧军狂追兰州女孩王德芬，再一月后登报结婚。萧红去世后18年，端木在友人的敦促下再婚。他的第二任妻子钟耀群说，端木对萧红的感情是“惊天地泣鬼神”。且以一例为示：萧红临终前喉管被切开十分痛苦，端木曾俯身用嘴替她吸痰。她生的是肺病。这是钟耀群的一家之言。个人回忆都是一家之言。

Q：萧红临终前真的曾表示要和端木蕻良离异，嫁给骆宾基吗？

A：骆宾基的儿子张书泰曾在采访中表示，父亲与萧红就是纯洁的朋友、姐弟关系。那么，为何江湖有关于萧红与骆宾基的传说？当事人就三位，萧红已去，端木不说，骆宾基也没有公开这样宣讲过。

据说葛浩文采访端木问及此事，端木始而哽咽，继而大哭，终于沉默。葛浩文感觉有隐情，但不便追问。直到2009年，接受黑龙江萧红研究会副会长章海宁采访时，钟耀群犹豫很久，哭着说，那段时日端木的“失踪”，与“撞见萧红和骆宾基的私情”有关。这亦是一家之言。“私情”的定义也很模糊——密谈算私情吗？牵手算私情吗？仅就“拥抱”而言，如何辨别究竟是爱人式的还是战友式的？只是如彼传言，或者说人心揣测，远早于钟耀群发声之前。

真相究竟如何？萧红的人格魅力毋庸置疑，骆宾基的"迷弟"身份也昭然若揭，只是，病息奄奄的萧红就算依本多情，就算对端木意见良多，就算被恐惧蒙了心，就算希冀抓个救命稻草，就算骆宾基当年意气风发，非要如此急赤白脸的理由是什么呢？骆宾基不是霸气的萧军，31岁的萧红也不是22岁的萧红，她已有《呼兰河传》的版税相许。

众所周知，作为"二萧派"的拥趸，骆宾基对端木意见多多，二人早期在桂林动过手，后来凡提及端木，骆宾基就不禁拍案。缘由除了"端木说萧红许给骆宾基的是《呼兰河传》的版税，骆宾基说萧红许的是版权"之争，据称骆宾基的不满主要源自萧红的倾诉。或许时年25岁的骆宾基不懂，世上从不曾吐槽丈夫的妻子比钻石稀有得多。若"骆萧恋"当真，理亏的骆宾基亦不会大半辈子缠着端木，人前人后理直气壮指责不休吧。

我最大的悲哀和苦痛，

便是做了女人。

——萧红

失掉了爱的心板，

相同失掉了星子的天空。

——萧红

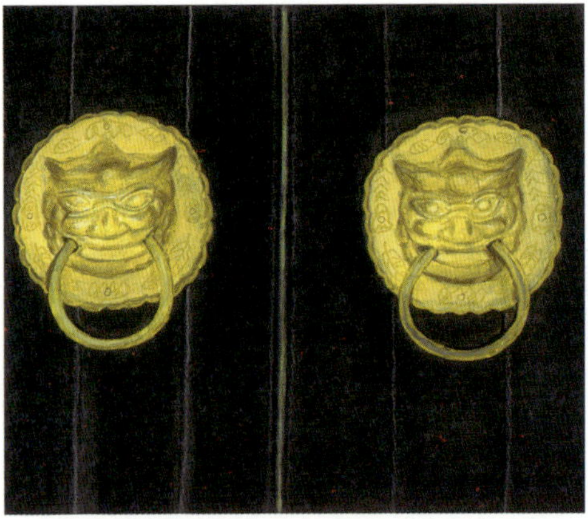

春夏秋冬，一年四季来回循环地走，
那是自古也就这样的了。
风霜雨雪，受得住的就过去了，
受不住的，就寻求着自然的结果。
那自然的结果不大好，
把一个人默默地一声不响地
就拉着离开了这人间的世界了。

——萧红

呼兰河这小城里边，以前住着我的祖父，

现在埋着我的祖父。

……

从前那后花园的主人，而今不见了。

老主人死了，小主人逃荒去了。

那园里的蝴蝶，蚂蚱，蜻蜓，

也许还是年年仍旧，也许现在完全荒凉了。

小黄瓜，大倭瓜，也许还是年年地种着，

也许现在根本没有了。

——萧红

我们为什么爱萧红

跋

去年秋天，在哈尔滨的第一场雪到来的半个月前，在一场疫情与另一场发生的间隙，我赶去“看望”萧红。第一天特为入住中央大街旁她精描细绘过的“欧罗巴旅馆”，旅馆门口专挂的中英文对照铭牌上，赫然是：

“1937 年间，现代著名女作家萧红曾在此居住。
建于 1934 年，砖混结构，装饰艺术运动建筑风格。”

——令每个看过的人一头雾水。我不明白什么是“装饰艺术运动建筑风格”，亦搞不懂萧红如何能够在1932 年入住这幢建于1934 年的建筑。1934 年6 月匆匆离开哈尔滨后，她终生没有能够再看故乡一眼。

这块莫名的铭牌或许可以代表目下大众对这位文字被以为神迹的民国女作家的印象：煞有介事而草率将事，莫衷一是而自以为是。

或许她已算得上“幸运”，时光抹掉了太多曾经的呕心沥血，“萧红”二字总算余韵尚温。这自因她苍砺如砂纸、三下五除二就打磨掉人生幻象的笔力。知名评论家李健吾评价萧红：“才分远在她的同伴田军[1]之上，你不要想在《八月的乡村》寻到十句有生命的词句，但是你会在《生死场》发见一片清丽的生涩的然而富有想象力的文字。”作家刘心武曾回忆，三位曾与萧红关系至亲的男士，萧军、端木蕻良、骆宾基，白头时分说起萧红的文笔，个个端整肃容，坚持那是无与伦比的。

然而相较爱憎分明、非黑即白的“伟光正”人生，萧红在世人处得到的唏嘘似乎总比歆羡多。这位22岁开笔即字中溢血，以区区数载的写作生涯稳居百年来华语女作家前三——也许如骆宾基断喝，“男作家又怎样？”——的“文学洛神”，缺了什么呢？

首先，是缺两只安全套（或两粒避孕丸）吧。

1 指萧军，他的长篇小说《八月的乡村》署名“田军”。

女性得以获取今日相对自由的生存空间，个人以为须感恩两点：

1. 科技的进步。

2. 萧红们的以身蹈火。

于浩大宇宙而言，科学或者只是人类的“雕虫小技”，但相较男性，女性更应感激科学的庇佑。正是近百年来科技的日益发展，令女性客观上无须再依附男性生存，曾经“鬼门关”般伫在女性命格中的生育挑战亦退行渐远。

但显然，仅有科学的恩惠是不够的。时至今日，仍有不少人以为萧红“罪孽深重”——其中相当部分是女人。不如让我们来假设一下——假如萧红性别男，她所遭遇的一切都还存在吗？

她还会被要求辍学吗？

她还会被指责居然不“从一而终”吗？

她还会被鄙视竟有“生理需求”吗？

在一段感情骤然结束时，她还需要独自面对怀孕的惊惧与苦楚吗？

她还会因不得不完成琐屑而繁重的家务，而被在公园悠闲读书的男人嘲笑“不用功”吗？

她还会蒙“家暴”而被轻描淡写，因为她不堪称“完美受害者”吗？

——原来置换性别的话，她的一切痛苦不过海市蜃楼。

或者，假如她得以穿越到当下都市，情形又将如何？

她不需要以出家相威胁来求学。

她不会被“许”给一个陌生男人。

她不会因被迫早婚，而不得不放弃自己的理想。

她有机会去法国留学。

她父亲不会因女儿曾“异性合租”就被解雇。

无论男孩女孩，婚前谈几次恋爱都被视为再正常不过。

单身前提下，任何安全情形下的性爱行为均被认可为私人自由。

她可以采取多种避孕措施，包括要求对方服用男性避孕药，而不必有“不得不怀着前任的孩子与新任恋爱”之虞。

有文采、懂绘画、爱学习、擅沟通，她不难找到适宜的工作。

更不会赚不到万一需要做流产手术的钱。

——将被那个时代视为洪水猛兽的萧红放在现时环境中，有任何问题吗？赞一句“有理想有抱负有才华有品格的优秀青年”也不为过吧？

然而萧红们及更早时代的广大女性，绝无这等光明通衢可走。“其实地上本没有路，走的人多了，便也成了路。”——如果不是勇敢的萧红们在没有路的地方一再出走，为荆棘割、虎豹噬亦在所不惜，何以会有今日女性宽松安慰的生存环境？那些以暴力语言攻讦她的人——尤其女性，究竟在咒怨些什么？叹惋失去了如小团圆媳妇般做童养媳的机会？大约觉得裹脚布取下来有点可惜，有人又裹在了自己的脑子上。

萧红的文字之所以啸越不绝，除了天赋，皆因她为人为文至真至性，向以整副身心直撞世界，遑论前方是鲜花园还是刀棘丛。她给出的喜是天地初始的喜，给出的疼是天塌地陷的疼。有人在迷途时会参观ICU病房，我在困顿时会读萧红。意思都一样，无非重勘一下生死，再见一下自己、天地与众生。然而前者只是将生死与绝境摆给人看，后者摆设周全后，尚不疾不徐告诉你，大家是怎样一步一个脚印踅到这里来的——极限的恐怖与全然的冷静仅一线之隔，冷静孕重生。

“人活着的意义基本的是在能体验情感。能体验情感还得有智慧有思想来分别了解那情感——自己的或别人的！如果再能表现你自己所体验所了解的种种在文字上——不管那算是宗教或哲学，诗，或是小说，或是社会学论文……使得别人也更得点人生意义，那或许就是所有的意义了……”

——这是曾与她活跃在同时代文坛的诗人、建筑学家林徽因对人生真谛的感悟，从某种意义说，亦可作为对萧红一生的最佳褒奖。

life portraits

作 者 简 介

画眉，本名赵元。

作家/ 绘本作者/ 资深媒体人/ 心理学研究生/ 设计师/ 微旅行家/ 园艺爱好者/ 古着搭配师/ 轻幸福实践者

曾任多本知名时尚生活方式纸媒高管。出版过《林黛玉的短信息》《谁能陪谁到永远》《一个人的贵族》《不买会死吗？》《我的私人时尚史》《小红帽不想当小红帽》《每朵花不一样》《一个小孩没朋友》《我不想当姐姐》《流浪狗》等20 多本个人作品，题材涉及小说、随笔、绘本等多种艺术表现形式。另有多本合集。

曾为《南方周末》《新京报》《深圳商报》《时尚》《女友》等全国数十家知名媒体及知名公号长期专栏作者，作品多次被《读者》《青年文摘》等知名媒体转载。

在多年媒体生涯中，专访、对谈过章子怡、张曼玉、周迅、徐静蕾、孙俪、邓超、黄觉、李亚鹏、萧蔷、费翔、姜武、何冰、陈建斌、袁咏仪、钟丽缇、陈冲、池莉、张抗抗、于丹、严歌苓等近百位知名人士，并广受好评。

图书在版编目(CIP)数据

手绘萧红的一生：在没有路的地方行走 / 画眉著、绘. -- 桂林：漓江出版社, 2021.9（2022.4重印）

ISBN 978-7-5407-9101-8

Ⅰ. ①手… Ⅱ. ①画… Ⅲ. ①萧红（1911-1942）- 传记 - 画册 Ⅳ. ①K825.6-64

中国版本图书馆CIP数据核字(2021)第095433号

手绘萧红的一生：在没有路的地方行走

SHOUHUI XIAO HONG DE YISHENG：ZAI MEIYOU LU DE DIFANG XINGZOU

作　　者 画　眉　　绘　　者 画　眉

出 版 人 刘迪才

策划编辑 符红霞　　责任编辑 赵卫平

责任监印 黄菲菲　　装帧设计 page11

出版发行 漓江出版社有限公司

社　　址 广西桂林市南环路22号　邮　　编 541002

发行电话 010-65699511 0773-2583322

传　　真 010-85891290 0773-2582200

邮购热线 0773-2582200

电子信箱 ljcbs@163.com　网　　址 www.lijiangbooks.com　微信公众号 lijiangpress

印　　制 北京中科印刷有限公司

开　　本 787 mm × 1092 mm 1/32　印　　张 6.25　字　　数 90 千字

版　　次 2021 年 9 月第 1 版　印　　次 2022 年 4 月第 2 次印刷

书　　号 ISBN 978-7-5407-9101-8

定　　价 45.00 元

《手绘张爱玲的一生：
优雅是残酷单薄的外衣》

《手绘三毛的一生：
在全世界寻找爱》

《手绘林徽因的一生：
以诗意抵人间》

《手绘萧红的一生：
在没有路的地方行走》

Xiao Hong
Xiao Hong
Xiao Hong